2

« Ils ont des chapeaux ronds... »

D'autres livres de Roger Faligot

Roger Faligot a publié depuis 1977 plus d'une quarantaine d'ouvrages documentaires concernant l'Histoire et ses coulisses.Il a consacré plusieurs livres à l'Irlande, où il a débuté comme journaliste, dont *La Harpe et l'Hermine*, 1992 et *La Résistance irlandaise* (Terre de Brume, 1999) ; au monde asiatique, *Les Services secrets chinois*, Nouveau monde, 2008) ; ou à la Résistance (*La Rose et l'Edelweiss, Ces ados qui combattaient le nazisme*, 1933-1945, (La Découverte poche, 2010). Son roman *Le Peuple des enfants* (Seuil, 2004) a pour personnages principaux des ados de Nantes. Tout comme *L'Hermine rouge de Shanghai* (écrit avec Rémi Kauffer, publié par les Portes du Large, 2005) a pour héros le mystérieux Nantais Jean Cremet. Son dernier roman *Les Sept portes du monde* (Plon, 2010, Grand Prix Jules Verne) présente les mémoires reconstitués du Vitréen Pierre Malherbe, le premier homme à avoir fait le tour du monde par les continents à la fin du XVIe siècle. En 2012, il publie aussi avec le Morlaisien Jean Guisnel et avec Rémi Kauffer *L'Histoire politique des services secrets français, de la Seconde Guerre mondiale à nos jours* (La Découverte).

Les illustrations en ouvertures de chapitre de ce livre sont pour la plupart (pages 12, 22, 30, 44, 54, 70, 90, 131) extraites de l'album de dessins humoristiques *La Bretagne*, réalisés par Alfred Darjou (1832-1874). Et il a inspiré la couverture originale de Nono.

Roger Faligot - André Bernicot

« ILS ONT DES CHAPEAUX RONDS... »

Bons mots et préjugés
sur la Bretagne et les Bretons

Coop Breizh

À nos chers amis irlandais,
amoureux de la Bretagne, disparus en 2012 :
Géry Lawless
Et Máiríń ni hÉithir

« Je ne suis pas breton, français, letton, chinois, anglais
Je suis à la fois tout cela.
Je suis homme universel et général du monde entier... »

Armand Robin

PROLOGUE-RAKLAVAR :

Bons mots, préjugés ou racisme ordinaire ?

Ce livre aurait pu s'intituler *Traité du racisme ordinaire à l'égard des Bretons...* Ou encore, c'est plus gentil, *Florilège des idées reçues sur la Bretagne*. Au début, il n'était question que de publier une anthologie des méchants mots, des moqueries, des sarcasmes, des sous-entendus malveillants qui nourrissent les stéréotypes concernant les fils et les filles d'Armorique. Et ceci, au fil des siècles, depuis toujours. Même avant que la Bretagne ne devienne un État souverain et ensuite, vue de Paris, une « province », un vocable condescendant mais pas forcément malintentionné dans la bouche du visiteur ou du touriste... *« À moins que le mot province ne réponde encore à sa première définition de pays vaincu, sous domination »*, disait jadis l'écrivain Pierre-Jakez Helias, l'auteur du *Cheval d'Orgueil*.

Au cours des mois, en enfilant ces « perles », il nous est apparu que des écrivains, des journalistes, des artistes qui ne voulaient que du bien à cette péninsule armoricaine et à ses habitants colportaient eux aussi des stéréotypes sans le faire exprès. Croyant bien faire, ces touristes littéraires propageaient à leur tour les pires poncifs forgés par les auteurs les plus hostiles aux « indigènes » celtes de cette partie du monde.

C'est tout simple : cela fait tellement partie des habitudes. Un réflexe automatique, un élément de l'inconscient collectif qui stimule aussi bien ceux qui propagent ces idées reçues que ceux qui en sont la cible.

Botrel et *les Galettes de Pont-Aven*

Par la suite, nous ne pensions recueillir que des citations, des phrases énoncées par des « non-Bretons », disons au hasard des Parisiens et autres Français, tout en notant que des régions différentes sont logées à la même enseigne en matière de discrimination, comme la Corse ou le Pays basque, sans parler de communautés immigrées de fraîche date…

À l'évidence, au cours des siècles, certains Bretons ont également dit des sottises ou proféré des insultes contre leurs congénères.

En conséquence, nous ne pouvions pas exclure des mots de Bretons qui ont parfois eu la dent dure contre leur propre pays. Ils ont fait prospérer des poncifs inusables. Comment oublier, au début du XXe siècle, le « barde » Théodore Botrel et son chapeau rond, l'auteur de la chanson *Kenavo* sublimement interprétée par Jean-Pierre Marielle dans le film *Les Galettes de Pont-Aven ?* Et pis encore, la version de Botrel de la rengaine sur la baïonnette *Rosalie* qui avait pour mission d'encourager les « poilus » – Bretons en première ligne – à s'entre-tuer avec les « casques à pointe » – Bavarois eux aussi en première ligne – dès août 1914 ? Ou encore les refrains de *La Paimpolaise* et des *Fraises de Plougastel ?*

Les plus cyniques étaient souvent motivés par le désir de plaire à leurs « bons maîtres » français – surtout au cours des trois siècles qui ont suivi la perte d'indépendance de la Bretagne – et de faire oublier qu'ils sont originaires du pays qu'on leur a demandé d'aider à maintenir en coupe réglée. Simples serviteurs ou petits messieurs de l'administration républicaine autant que missionnaires du clergé de haut en bas.

Albert Memmi dans *Le Portrait du colonisé* ou Frantz Fanon, dans *Peau noire, masques blancs*, pour ne prendre que des classiques de la décolonisation ont parfaitement décrit ce phénomène psychologique universel. Le journaliste du *Canard Enchaîné* Morvan Lebesque, dans son essai *Comment peut-on être breton ?* l'avait analysé pour les gens d'Armor.

Il n'y a pas que les livres, articles et discours. Dans les comptines, les chansons, les poèmes écrits par des Bretons, on voit prospérer de drôles d'idées promptes à élargir le domaine de la bêtise sous un vocable à double tranchant : les biniouseries. Par exemple, on pourrait penser que la chanson *« Ils ont des chapeaux ronds »* (qui donne le titre à notre livre) aux variations grivoises, est tellement simplette et salace qu'elle ne pouvait être entonnée que par des gens qui détestaient ces Bretons... En fait, à travers le XXe siècle, le refrain en a aussi été fredonné en péninsule armoricaine, dans les cours de récré, les colonies de vacances, les mariages et autres petites sauteries... *« Ils ont des chapeaux ronds, Vive les Bretons ! »*

Le masochisme de Bécassine

Est-ce par masochisme collectif ? Par veulerie ? Par esprit de soumission ? Ou, ce qui est déjà plus sain, par sens de l'autodérision ? Pas besoin d'avoir lu Sigmund Freud pour appréhender ce complexe de dupes. C'est un phénomène répandu : nombre de communautés ou de groupes ethniques qui se sentent dominés reprennent à leur compte les caricatures imposées par les dominants pour les retourner contre ces derniers. Dans *Les Ritals*, son autobiographie présentant la vie des immigrants italiens du côté de Nogent-sur-Marne, en région parisienne, Cavanna (d'*Hara-Kiri*) avait parfaitement décrit ce mécanisme dans les années 1970.

En 1905, Annaïck Labornez, personnage de bande dessinée de *la Semaine de Suzette*, a vu le jour et, sous le nom de « Bécassine », est devenue la honte de la Bretagne. La petite bonne naïve a été considérée comme l'archétype de l'asservissement des Bretonnes. On la faisait taire, sauf quand elle prononçait son inusable *Ma Doue Benniget !* Dieu soit béni ! Et le symbole en sabots du masochisme de tout un peuple.

Cependant, la petite Bretonne, native de Clocher-les-Bécasses, aimait à se venger avec malice de sa maîtresse la marquise du Grand-Air. Et surtout, son image a été inversée à la fin des années 1960 comme symbole d'une nouvelle révolte autonomiste, sociale voire même féministe ![1] Sans oublier la superbe chanson de Georges Brassens, en 1969, transfigurant la petite bonniche en beauté incandescente et déesse de l'amour au grand dam... de madame de Sévigné, la pourfendeuse de Bretons !

Passons aux choses sérieuses. Ouvrons la boîte à outils. Comment avons-nous procédé ?

En premier lieu, nous en avons glané des citations dans notre vaste bibliothèque bretonne, en commençant par nous plonger dans les excellents livres d'Erwan Val-

1. Voir Jacqueline Gibson, *Postcolonial Brittany : Literature between two Languages*, Heather Williams, 2007.

lerie, *Ils sont fous ces Bretons,* d'Hervé Bellec, *Brèves de Bretagne*, (tous deux en collaboration avec Nono, comme c'est bizarre!) dans lesquels se nichaient déjà des perles. Ou encore *La Bretagne pour les Nuls* de Jean-Yves Paumier ou *Bretagne – idées reçues* de François de Beaulieu. Nous l'avons complétée par des sites sur la toile de l'internet, tel *Histoires de Bretagne* d'Erwan Chartier-Le Floc'h (ablogjeanfloch. over-blog. com). Enfin nous avons reçu l'aide du chanteur et auteur Philippe Marlu, connaisseur encyclopédique de l'argot et de Bernard Gestin, fin conseiller en culture et langue bretonnes.

Mais nous avons dû écarter sans état d'âme des livres ou des sites émaillés de citations fausses, tronquées, ou aux sources invérifiables.

Pour les trois quarts, cette sélection est le fruit de nos lectures de la presse et de centaines de livres de toutes sortes pendant plusieurs décennies. Nos sources sont citées, et en complément, on trouvera en fin d'ouvrage une courte bibliographie d'ouvrages qui nous ont éclairés et lancés sur des pistes nouvelles.

Cette petite anthologie ne sera jamais exhaustive. C'est une histoire sans fin. Elle se nourrira à l'avenir de découvertes que nous enverrons sans doute des lecteurs attentifs et bien intentionnés.

Des « Fleurs de fraises » sur la Cinquième Avenue

On sent bien à la lecture de ces citations, prises dans l'ordre chronologique, qu'elles ont longtemps illustré le rejet par un système centraliste d'un pays, la Bretagne, d'abord souverain puis rebelle, qui s'était souvent opposé à lui. Dans des pays voisins au fonctionnement fédéraliste, les rapports entre régions sont fondamentalement différents.

On voit bien que l'animosité des « élites parisiennes » à l'égard des Bretons est le fruit d'une rivalité ancestrale. Pour une simple raison : de tous les duchés ou principautés du Moyen Âge à la Renaissance, la Bretagne était le seul État-nation de cette envergure absorbé par la France à l'issue d'un acte d'union entre deux monarchies (ce qui n'est pas le cas du duché de Bourgogne vaincu militairement).

Outre ses langues spécifiques, celtique en basse Bretagne et gallo en haute Bretagne, le duché breton jouissait des prérogatives politiques, d'un appareil d'État, avec une noblesse, une administration, une monnaie, une structure religieuse spécifique, une diplomatie et un commerce extérieur, une flotte de combat, une armée, trois ordres chevaleresques, un système juridique et fiscal distinct, etc. Et même une assemblée, les États de Bretagne, à la manière des *fueros* basques ou du parlement d'Écosse, celle-ci ayant survécu jusqu'à la Révolution de 1789.

Ce duché était un gros morceau à avaler. Pour absorber totalement cette Bretagne, il fallait donc l'émietter, la morceler, la rabaisser, la ridiculiser, l'« acculturer » en usant de ce que les Anglo-saxons, excellents en la matière, appellent la « guerre psychologique » (*Psychological Warfare*). Ceux qui s'intéressent à l'histoire irlandaise ne seront pas surpris d'apprendre qu'une des origines de notre petit livre provient de la comparaison avec des études similaires sur le racisme anti-irlandais des Anglais notamment aux XIXe et XXe siècles. Les caricatures de Bretons dans *Le Petit Parisien* au tournant du XXe siècle valent largement celles représentant les Irlandais dans le journal *Punch* de Londres. Grosse différence bestiaire : les « Paddies » sont ridiculisés sous les traits de singes, les « Nigousses » à chapeaux ronds sont traités de pourceaux… Cela fait rire, ça ne peut pas faire de mal ! Sauf à la population ciblée et ostracisée. Faut-il le rappeler ? Ce ne sont pas les caricatures ou les plaisanteries, bien naturelles en démocratie, qui sont gênantes, c'est l'accumulation constante qui finit par constituer un inconscient collectif dans lequel on puise pour stigmatiser une communauté.

Beaucoup de citations présentées ici témoignent de ce phénomène dont on voit encore aujourd'hui des effets. Toutefois, en creux, dans cette sélection surgit l'âme bretonne, sa musique, sa culture qui irradient au-delà de son territoire en osmose avec celle, également en forte expansion, de la *World Culture* celtique. Il suffisait d'assister à la grande parade irlandaise de la Saint-Patrick à New York, sur la Cinquième avenue, en 2012, à laquelle participaient les Bretons du bagad et du Cercle celtique « Bleunioù Sivi » (Fleurs de fraises) de Plougastel-Daoulas, pour s'en convaincre !

Longtemps relégué sur les marges de l'Europe occidentale, le monde celte, a su jouer de ses relais internationaux. La mondialisation a des effets néfastes. Mais elle a aussi des conséquences positives. De nos jours, les caricatures qui apparaissent dans nos extraits choisis sont compensées par une vision beaucoup plus sympathique et chaleureuse à l'égard de la Bretagne et des Bretons.

Même les poissons parlent breton

Pour se rendre compte de ce formidable chemin parcouru, il fallait adopter un mode de classement de nos bons mots et préjugés. Il fallait qu'il soit thématique et chronologique. Nous avons d'abord regroupé ces citations, dûment annotées par nos soins, par chapitre thématique :

« Bretons, braves gens mais entêtés » : la description des Bretons, ces drôles d'indigènes.

« Un pays pour photographes » : le témoignage des visiteurs, des premiers touristes et des Parisiens.

« Peste soit du baragouineux ! » : la langue ridiculisée, interdite et renaissante.

« Les Bretons, c'est comme les cochons... » : la vie des paysans, « ploucs » et primitifs, toujours associés à la saleté et à la pauvreté.

« Les femmes de ce pays sont si sottes » : les portraits de Bretonnes, Bécassines, bonniches, belles-de-nuit et tapineuses.

« Grand-mère souffle dans son biniou » : la caricature des Bretons portant costumes, de leur musique et de leurs danses (binious, coiffes et chapeaux ronds !)

« Toute la Bretagne était ivre... » : cidre, vin pour arroser un repas de crêpes ou galettes.

« La Bretagne est une vieille rebelle » : Chouan un jour, Chouan toujours : la Bretagne insoumise sous toutes ses facettes.

« Bretagne, élément résistant de la France » : on fait appel aux Bretons, combattants, quand la France ne veut pas devenir germanique au cours de la guerre de 1870 et des deux guerres mondiales.

« Les Bretons, un sous-peuple », l'identité des Bretons est « factice » sauf quand il s'agit de les traiter de tous les noms.

« Plus superstitieux que les Africains... », les croyances celtiques, menhir et enclos paroissiaux, druides en blanc et curés noirs corbeaux.

« Du bruit dans Landerneau » : portraits des villes bretonnes souvent brossées par la mer en folie ou par la pluie...

et enfin *« Les poissons de la mer parle breton »* (sic), pour reprendre le poème de Jack Kerouac : surprenante Bretagne, vue de l'étranger...

Ironie de l'histoire : les auteurs, ou plutôt les modestes compilateurs et commentateurs de ce florilège sont convaincus que les libelles, les lacis, les injures, les insultes, les caricatures ont probablement aidé à renforcer l'identité bretonne. Le mépris des uns galvanise la fierté des autres. Et ces clichés reflètent souvent à leur manière des qualités que s'approprient eux-mêmes les Bretons et plus généralement les Celtes.

Quoi qu'il en soit, ce petit opus s'adresse à tous ceux qui aiment la Bretagne, Bretons ou pas. Formant une mosaïque bigarrée, il leur dira aussi combien ce monde vient de loin. Et le sachant, combien il peut aller loin. Au-delà des mers, des flots et des tempêtes, au-delà des contingences matérielles, dans un univers de poésie et de richesse humaine, qu'on avait trop souvent réduit, vu de Paris, à sa plus simple expression. Et quelle expression : le « réduit breton » !

Dans son atelier rennais, le peintre chinois He Yifu, qui a rejoint le paradis des Celtes, avait senti cela avec toute la finesse de son pinceau :

« Dire que la Bretagne est sauvage n'est pas dire qu'elle en est encore au chaos originel mais seulement qu'elle n'a pas été masquée par la fausse prospérité de la société moderne. Dire que la Bretagne est mystérieuse n'est pas dire que la Bretagne est sans clarté ni raison mais seulement qu'elle ne peut s'expliquer uniquement par des préjugés déjà devenus conclusions.
Dire que la Bretagne est particulière n'est pas dire qu'elle ne peut s'accorder avec le monde mais seulement qu'elle ne s'est pas laissée abuser par l'uniformisation du globe. »[2]

2. *Le voyage d'un peintre chinois en Bretagne*, Éditions. Ouest-France, 2002.

LA BRETAGNE

PAR A. DARJOU.

Amoureux du pittoresque, vous vous décidez pour
la Bretagne, le pays des mœurs primitives et des diligences.

Lith. Vayron, rue Galande 51. Paris.

Paris. Au Bureau du Journal Amusant,

Chapitre I

« Bretons, braves gens mais entêtés »

« Bretons, braves gens mais entêtés. » Voilà ce qu'écrit Gustave Flaubert dans son *Dictionnaire des idées reçues* au XIXe siècle. L'entêtement des Bretons est devenu proverbial. C'est l'un des traits de caractère les plus souvent repris. Mais tout est affaire de perspective. *« Nous autres Bretons, nous sommes tenaces »*, rétorquait Ernest Renan, l'écrivain philosophe de Tréguier. Opiniâtreté et persévérance ont nourri le combat contre la nature hostile des éléments, contre vents et marées, contre les agressions militaires, venues de Rome, de Londres, de Madrid, de Berlin ou de Paris. Ses qualités ont permis aux Bretons de survivre et de préserver leur identité.

Encore en 1991, un sondage de la Sofres indiquait que l'entêtement des Bretons surgit en première position de tous les stéréotypes concernant les régions de France. Ce qui trouve son application dans la phrase de l'humoriste Pierre Desproges : *« Le Breton est appelé ainsi parce qu'il est têtu »*...

Mais ce n'est pas le seul travers déplorable imputé à ces gens d'Armorique : ne dit-on pas qu'ils sont grossiers ? Rustres ? Grégaires ? Naïfs ? Primitifs ? À l'image de leur pays taillé dans le granit et déchiré par les vagues sauvages ?

C'est ce qui se raconte au moins depuis le XIIe siècle...

« Les Bretons sont tous, par nature, plus sots que bêtes de pâture. »

Chrétien de Troyes (1135-1183) dans *Perceval ou le conte de Graal.* Il faut bien admettre que dans ces récits des chevaliers de la Table ronde, (au pays de Galles, en Cornouailles, en Bretagne) on ne fait pas grande différence entre grands et petits Bretons. Mais plus tard cela se précise. En tout cas, dès cette époque débutent les comparaisons animalières.

« Les esprits de cette province ne se gouvernent pas comme les autres. »

L'intendant des impôts, Antinoüs Bechameil, marquis de Nointel, en 1703, après que deux gentilshommes, considérés comme trop frondeurs, eurent été expulsés des États de Bretagne. Si l'on en croit le romancier Paul Féval, Rennais comme lui, il a laissé son nom à la postérité grâce à la sauce qui porte son nom : la béchamel !

« L'esprit breton est d'un entêtement au-dessus de toutes les nations du monde. »

Remarque du maréchal Pierre de Montesquiou d'Artagnan, gouverneur de Bretagne, en 1718, tandis qu'il met fin à la conjuration du marquis de Pontcallec, cette révolte antifiscale qui se transforme en fronde contre le gouvernement royal au profit du roi d'Espagne.

« L'ingénu était têtu ; car il était breton et huron. »

Voltaire dans son roman *L'Ingénu* (1767), étonnant voyageur à la fois peau-rouge et breton. Il est le premier d'une longue liste d'écrivains à comparer les Bretons et les Indiens d'Amérique. Et ce n'est pas toujours sous leur plume un compliment…

« Êtes-vous bretons ? Les Français commandent. N'êtes-vous que des nobles de Bretagne ? Les Bretons ordonnent ; oui, les Bretons, les hommes, les communes, ce que vous nommez tiers-état ; car, sur ce point, messieurs, comme sur tous les autres, vos décrets sont annulés par les deux premiers ordres de Bretagne. »

Cette adresse du révolutionnaire Mirabeau aux députés bretons, le 9 janvier 1790 à l'Assemblée nationale fut souvent mal comprise. Il est bien question, avec la fin des privilèges, de l'abolition de leur Parlement ce qui ne plaît pas aux Bretons, mais dans ce même discours Mirabeau explique aussi que la domination de la noblesse et du clergé sur le peuple est désormais caduque, ce qui est déjà plus plaisant.

« La Bretagne est une colonie comme l'Alsace et les Basques, plus que la Guadeloupe. »

L'historien Jules Michelet en 1831, année pendant laquelle il parcourt la Bretagne. Qui doit mal prendre cette sentence lapidaire : les régions à forte identité et à langue originale aux marges de la France, Bretons, Basques, Alsaciens ou les lointains Antillais ?

« Est-ce de l'histoire nationale pour un Breton que la biographie des descendants de Clovis et de Charlemagne, lui, dont les ancêtres, à l'époque de la première et de la seconde race, traitaient avec les Franks de peuple à peuple ? »

Encore un historien ! Augustin Thierry dans ses *Lettres sur l'Histoire de France* (publié dans *Le Courrier français* en 1820), affiche sa conception de l'histoire moins centraliste que beaucoup, influencé par l'écrivain écossais Walter Scott (l'auteur d'*Ivanhoe*), et sans doute renforcée lorsqu'il épouse en 1831 sa collaboratrice bretonne, l'écrivain Julie de Querangal.

« La nature est atroce (sur la côte bretonne), *l'homme est atroce et ils semblent s'entendre. Dès que la mer leur jette un pauvre vaisseau, ils courent à la côte, hommes, femmes et enfants, ils tombent sur cette curée. N'espérez pas arrêter ces loups ; ils pilleraient tranquillement sous le feu de la gendarmerie. Encore s'ils attendaient toujours le naufrage, mais on assure qu'ils l'ont souvent préparé. Souvent, dit-on, une vache, promenant à ses cornes un fanal mouvant, a mené les vaisseaux sur les écueils. Dieu sait alors quelles scènes de nuit ! On en a vu qui, pour arracher une bague au doigt d'une femme qui se noyait lui coupaient le doigt avec les dents. L'homme est dur sur cette côte. Fils maudit de la création, vrai Caïn, pourquoi pardonnerait-il à Abel ? La nature ne lui pardonne pas. »*

Les Bretons, pilleurs d'épave ? Jules Michelet, *Tableau de la France,* 1832 (ou 1833 dans *la Revue des deux mondes* [publié dans le manuel Lagarde et Michard, classe de Première]). Le sujet inspirera à l'écrivain Henri Queffélec son célèbre roman *le Recteur de l'île de Sein* (1944), porté à l'écran par Jean Delannoy avec *Dieu a besoin des hommes.*

« La Bretagne forme, pour ainsi dire, une nation distincte : mœurs, coutumes, langues, tout y diffère du reste de la France. Nous avons presque à civiliser cette province si belle mais encore si sauvage. »

Tous des sauvages ! Lettre de René-Anselme Hamon, secrétaire particulier du ministre François Guizot, au rédacteur en chef du journal *L'Union,* 1841.

« Si le Breton perd tant de choses, sa langue, son costume, une lui reste, le caractère. Ce pays a été longtemps étranger au nôtre, justement parce qu'il est resté trop fidèle à notre état primitif; peu français, tant il est gaulois, il nous aurait échappé plus d'une fois si nous ne l'avions tenu serré, comme dans des pinces et des tenailles, entre quatre villes françaises d'un génie rude et fort : Nantes et Saint-Malo, Rennes et Brest. »

L'historien Jules Michelet dans son ouvrage *Notre France* consacre un grand chapitre à la Bretagne en 1886.

« Partout germent les riches idées; partout poussent les bons bougres ! Oui, partout, même en Vendée - ce département qui, avec trois ou quatre autres de la Bretagne, avait la réputation d'être tant et plus sous la coupe des curés. Il n'en est rien, foutre ! - les Vendéens et les Chouans sont de vieux souvenirs - et la calotte et le roy peuvent se fouiller : pas plus qu'à ceux d'ailleurs, ils ne monteront le bobêchon. »

Le Père Peinard, fondé en 1889, par l'anarchiste Émile Pouget privilégie les gens du peuple, même breton, pourvus qu'ils s'émancipent des croyances religieuses et des privilèges des nobles et des bourgeois (1900). Précision : *se monter bobêchon,* c'est prendre ses désirs pour des réalités...

« Bretons : tous braves gens, mais entêtés. »

Gustave Flaubert, *Dictionnaire des idées reçues,* écrit entre 1850 et 1880, publié de manière posthume en 1913. L'avantage du titre de l'anthologie de Flaubert, c'est qu'elle ne le rend pas responsable de cette vision, très habituelle, des Bretons. Il se contente de traduire ce que dit la *vox populi* en France, et franchement, deux siècles plus tard, cela n'a pas beaucoup changé.

« Breton. Nigousse, *tête à poux. "C'était un nigousse, un breton bretonnant, sale comme un peigne mais brave comme un lion." »*

Définition livrée dans le dictionnaire français-argot du chansonnier Aristide Bruant, en 1901, en réalité écrit par son « nègre », Léon de Bercy. L'expression populaire *nigousse* qui désigne les Bretons provient d'une comptine *An hini goz,* (en breton : « la Vieille », une chanson traditionnelle).

« Un Juif ça vaut peut-être un Breton, sur le tas, à égalité, un Auvergnat, un franc-canaque, un « enfant de Marie »... C'est possible... »

Avec Céline, (*Bagatelles pour un massacre, 1937*), on peut s'attendre à toutes sortes d'injures, d'abord antijuives, mais par contre coup concernant d'autres communautés, ici les Bretons. Le docteur Destouches (Céline) a pourtant exercé la médecine en Bretagne, d'où sa mère, Marguerite Guillou, est originaire.

« Ils vivaient dans leur langue pataude et leurs vêtements grossiers comme des espèces de bas Bretons. »

Le journaliste de *Paris-Match*, Raymond Cartier dans son livre *Les Dix-neuf Europes* (Plon, 1960). Originalité du propos : c'est par anticolonialisme que Cartier, pendant la guerre d'Indochine, puis celle d'Algérie et l'accession des colonies d'Afrique noire à l'indépendance, affirme qu'il faut abandonner l'Union française pour se resserrer autour de l'État-nation (de « France métropolitaine »).

« Les Gitans c'est comme les Bretons. C'est tout cousins et compagnie. »

Auguste Le Breton - le bien nommé - dans *Les Jeunes voyous* (Plon, 1967). Amoureux de la Bretagne, il y écrit la même année *Le Clan des Siciliens* bientôt porté à l'écran par Henri Verneuil avec Jean Gabin, Lino Ventura et Alain Delon.

« La Bretagne, c'est un reste de Celtie à côté de la France moderne, un pays d'hommes demeurés à maints égards primitifs. »

Attribué à Maurice Faure, vice-président du Sénat, ancien ministre de l'Instruction publique (cité par Fañch Elegoët, Pluriel-Débat, 1980, et Noël Lainé, *Le Droit à la parole*, Terre de Brume, 1992).

« Breton (coup de tête de) n.m. Coup de boule dans l'estomac ou le visage. »

François Caradec, dans le *Dictionnaire du français argotique et populaire*, éditions Larousse en 1977. Dans l'édition de 1988, “n.m.” (nom masculin) est corrigé en “n. pr.” (nom propre...)

« Des Bretons, qu'est-ce que c'est ? Si l'on en croit de vieux livres de géographie, c'est tout simple : les Bretons, seuls ou en groupe, sont un ensemble bizarre composé surtout de "rudes pêcheurs", de "vaillants marins" et de "robustes paysans" ; les femmes bretonnes portent de curieuses coiffes et des habits de toutes les couleurs ; quant à la Bretagne elle-même, nos géographies habituelles n'en montrent que le port de guerre de Brest, la station spatiale de Pleumeur-Bodou, la Pointe du Raz et éventuellement, dans les ouvrages résolument modernes les usines Citroën de Rennes. Des générations entières d'écoliers et d'écolières ont ingurgité ces inepties et continuent aujourd'hui à ne voir dans cette région que l'aspect délicieusement désuet de coutumes conservées. »

Un article du journaliste Yann Kermor (nom de plume de Jean Guisnel) fait le point des idées reçues dans un article «Des géographes contre le folklorisme» au quotidien *Libération*, 14 mai 1977.

« De bas Breton. Pour spécifier l'inculture, la rusticité. Locution injurieuse pour les Bretons ; la Bretagne (et a fortiori la basse Bretagne), vue de Paris, a longtemps été considérée comme très attardée. Voir aussi : "comme la vérole sur le bas clergé breton". »

Dictionnaire du français parlé de Charles Bernet et Pierre Rézeau (Point-Virgule, Seuil, 1989).

« Un vrai caractère de Breton : résistant, libertaire et fort en gueule. »

Les animateurs du *Guide du Routard*, et coordinateurs du volume sur la Bretagne (1992) s'y connaissent : Philippe Gloasgen et Pierre Josse sont des fils de la presqu'île armoricaine.

« Les Bretons sont des gens solides, entêtés, tenaces et combatifs. »

On verra que Charles Pasqua, le ministre corse de l'Intérieur, n'a pas toujours été aussi fair-play à l'égard des Armoricains que lors de son passage à Guingamp (*Ouest-France*, 26 novembre 1994).

« Les Bretons sont-ils des gens comme nous ? Je dis non. Le Breton est têtu. Sinon pourquoi dirions-nous d'un Breton : « Il est têtu comme un Breton » ? Alexandre Vialatte, le plus grand écrivain français avant Dutourd et Poulidor, disait que « le loup est appelé ainsi à cause de ses grandes dents. » De la même façon, le Breton est appelé ainsi parce qu'il est têtu. Je n'en démordrai pas. »

Chronique de l'humoriste Pierre Desproges, *Manuel du savoir-vivre à l'usage des rustres et des malpolis*, (Livre de poche, 1998). Comme quoi on peut être drôle sans être méprisant !

« Ah ! Connaissez-vous bien la Bretagne,
avec ses femmes en coiffe et ses hommes vêtus de pagnes,
leurs enfants sont hydrocéphales,
les garçons sont aussi méchants que les filles sont sales ? »

Le 5 février 2006, au cours de l'émission *Les Grosses Têtes*, sur RTL, le fantaisiste Jackie Berroyer interprète cette chanson écrite pour son nouveau spectacle. L'écrivain Angèle Jacq, présidente du Collectif breton pour la démocratie et les droits de l'homme, porte l'affaire devant les tribunaux de Paris, invoquant un racisme anti-breton. Le parquet du tribunal de grande instance ne l'a pas suivie. Il juge que le sentiment d'être breton résulte d'une spécificité géographique et non d'une appartenance ethnique. En conséquence, la plainte n'entre pas dans le cadre des lois contre la discrimination et est rejetée.

« À l'ouest de la Bretagne, la galette saucisse et les filles à la peau laiteuse. À l'est, le far et les « Gros Ventres ». Un même pays, deux langues, deux folklores. »

Accroche du supplément de *Libération,* le samedi 5 et dimanche 6 août 2006, pour le dossier signé Paul Quinio, intitulé *Gallos et Bretons, querelle de bon voisinage* (si les habitants du pays gallo ne sont pas bretons, on doit encore réduire administrativement la Bretagne, déjà amputée de la Loire-Atlantique).

« Qu'est-ce qu'on va foutre dans un centre opérationnel sinistre à regarder un radar ? Qui a eu cette idée de demeuré ? Je me fous des Bretons. Je vais être au milieu de dix connards en train de regarder une carte ! »

Propos de Nicolas Sarkozy rapportés par l'écrivain Yasmina Reza dans son livre *L'Aube le soir ou la nuit* (2007), après qu'elle ait suivi dans ses déplacements le candidat et futur président de la République lors de sa campagne électorale. Ce jour-là, ses conseillers lui ont fait visiter le centre maritime du Cross Corsen dans le Finistère, où l'on coordonne le sauvetage de marins et plaisanciers en péril. Lesquels membres du Cross Corsen viendraient aussi bien au secours du yacht de Vincent Bolloré quels que soient les plaisanciers à son bord !

« Belle ironie ! La Bretagne défile avec panache à Paris alors que le livre de Yasmina Reza nous apprend que le président de la République déclare se "foutre" des Bretons ! Le roi de France exprimait-il son humeur contre une région rebelle ? Ses tendances recentralisatrices ne pourront rien contre cette évolution inéluctable vers plus d'autonomie et de fierté régionale ! »

Hubert Coudurier, directeur de l'information du *Télégramme de Brest,* réagit ainsi aux remarques de Nicolas Sarkozy et au fait qu'il boude la Breizh Touch qui passe pourtant à quelques centaines de mètres de l'Élysée. Cette manifestation géante et gratuite fête la Bretagne du 20 au 23 septembre 2007 à l'initiative de nombreux Bretons dont Jean-Pierre Pichard, créateur du Festival interceltique de Lorient et de Jean-Yves Le Drian, alors président du Conseil régional de Bretagne depuis mai 2012, ministre de la Défense.

DIX CONNARDS BRETONS EN TRAIN DE REGARDER UNE CARTE !!
SI Y A UN APPEL DE DÉTRESSE DU YACHT DE BOLLORÉ...
... RIEN À FOUTRE !!

Naturels du Pays.

CHAPITRE II

« Un pays pour photographe »

« Un pays pour photographe » : le cliché est de Yann-Arthus Bertrand qui s'y connaît en photographie. Il appartient ainsi à une grande lignée de visiteurs et de touristes qui se délectent de ces « paysages de carte postale », mais se méfient des indigènes. Qu'ils apprécient ou détestent les Bretons, ces voyageurs tracent un profil psychologique qui en dit parfois plus long sur eux-mêmes que sur ces gens qu'ils décrivent. Jean de La Fontaine les craint ; la marquise de Sévigné les vomit ; Voltaire s'en amuse gentiment ; Victor Hugo vire de la satire acide à l'amour fou (sous la férule de sa maîtresse bretonne Juliette Drouet), tandis que les romanciers Gustave Flaubert et George Sand, échangent des obscénités. Les Bretons semblent à ces derniers *« des animaux rébarbatifs, des porcs peu aimables. »*

Paradoxe : encore de nos jours, nombre de ces visiteurs brossent un tableau merveilleux de la nature tourmentée d'Armorique, de ses landes et de ses rivages. Mais - hélas ! - la conclusion est souvent la même. La Bretagne est si belle : dommage qu'elle soit habitée par les Bretons !

« Allez au royaume d'Armorique, c'est-à-dire en petite Bretagne, et prêchez par les marchés et les bourgs qu'Arthur le Breton est mort comme les autres morts (...) À peine si vous pourrez échapper de là indemne, sans être accablé de malédictions ou écrasé par les pierres. »

Alain de Lille (*Alanus ab Insulis*) (1128-1202), philosophe, théologien et poète s'est vu attribuer un texte intitulé *Explication de la prophétie de Merlin*, dans lequel il évoque la venue de saint Samson en péninsule armoricaine. Certains attribuent à Alain des origines bretonnes du côté de Saint-Pol-de-Léon, malgré ses commentaires acerbes.

« Près d'un canton de la basse Bretagne,
Appelé Quimper-Corentin.
On sait assez que le destin
adresse là les gens quand il veut qu'on enrage
Dieu nous préserve des voyages ! ».

Jean de la Fontaine, touriste en Bretagne ? C'est dans la fable *Le Charretier embourbé*, écrite en 1668, dont la morale est fort célèbre : *« Aide-toi, le ciel t'aidera ! »*. Il faut avouer que La Fontaine n'évoque quasiment pas la Bretagne dans sa poésie, et pour une fois qu'il le fait, on dirait qu'il se fait l'écho de son amie la marquise de Sévigné.

« Une incroyable férocité, un entêtement brutal, mais aussi la foi du serment ; l'absence complète de nos lois, de nos mœurs, de notre habillement, de nos monnaies nouvelles, de notre langage, mais aussi la simplicité patriarcale et d'héroïques vertus s'accordent à rendre les habitants de ces campagnes plus pauvres de combinaisons intellectuelles que ne le sont les Mohicans et les Peaux-Rouges de l'Amérique septentrionale, mais aussi rusés, aussi durs qu'eux. »

Honoré de Balzac, *Les Chouans, (la Bretagne en 1799),* écrit à Fougères et publié en 1829. À noter que deux ans plus tard, Victor Hugo découvre aussi Fougères, avec sa maîtresse Juliette Drouet qui en est native et qu'il en tirera de nombreux éléments pour son propre roman sur la rébellion bretonne, *Quatrevingt-treize* (publié en 1874).

« L'étranger pour les Bretons est toujours quelque chose d'extraordinaire, de vague, de miroitant dont ils voudraient bien se rendre compte ; on l'admire, on le contemple, on lui demande l'heure pour voir sa belle montre, on le dévore du regard, d'un regard curieux, envieux, parfois haineux peut-être, car il est riche, lui, bien riche, il habite Paris. »

Gustave Flaubert, *Par les champs et par les grèves,* publié en 1880 mais il a été inspiré par son voyage en Armorique de 1847.

« Dès que vous arrivez quelque part les mendiants se ruent vers vous, et s'y cramponnent avec l'obstination de la faim. Vous leur donnez – ils restent – vous leur donnez encore – le nombre s'accroît – bientôt c'est une foule qui vous assiège – vous avez beau vider votre poche jusqu'à votre dernier liard, ils n'en demeurent pas moins attachés à vos flancs, occupés à réciter leurs prières, lesquelles sont malheureusement fort longues et heureusement inintelligibles. »

Encore ce récit de voyage de Gustave Flaubert, de 1847 : la vue des touristes renvoie l'image d'une extrême pauvreté en basse Bretagne.

« Nous avons vu tous les costumes qu'on dit supprimés et que les vieux portent toujours. Eh bien, c'est laid, ces hommes du passé avec leurs culottes de toile, leurs longs cheveux, leurs vestes à poches sous les bras, leur air abruti, moitié pochard, moitié dévot. »

Lettre de George Sand du 21 septembre 1866 à Gustave Flaubert. Ici commence un échange avec le même Gustave Flaubert.

« Je vous trouve un peu sévère pour la Bretagne. Non pour les Bretons, lesquels m'ont paru des animaux rébarbatifs, des porcs peu aimables. »

Réponse immédiate de Gustave Flaubert à la lettre précédente de George Sand écrite le 22 septembre 1866, ce qui prouve qu'à l'époque, les postes fonctionnaient bien, même avant que les Bretons y fassent carrière.

« George Sand, la vache bretonne de la littérature »

Comme quoi l'injure ne porte pas bonheur ! George Sand est à son tour insultée « à la mode » de Bretagne par Jules Renard, dans son journal, à la date du 23 février 1891. Ce qui n'empêche pas l'auteur de *Poil de carotte* de posséder une maison de vacances dans les Côtes-du-Nord (aujourd'hui Côtes d'Armor).

« Dès que l'on avait pénétré dans la Bretagne bretonnante, dans le Morbihan, dans le Finistère, dans les Côtes-du-Nord, on se sentait dans une région primitive... »

Le photographe et écrivain Maxime Du Camp, dans ses *Souvenirs littéraires* (1882). Ami de Gustave Flaubert, membre de l'Académie française, Du Camp éprouve les mêmes sentiments de dépaysement. Résumons : au *Far West*, vivent les sauvages.

« La pluie tombait fine, froide, pénétrante, continue ; elle ruisselait sur les murs, rendant plus noirs les hauts toits d'ardoise, les hautes maisons de granit ; elle arrosait comme à plaisir cette foule du dimanche, c'étaient des matelots ivres (...) des gens du peuple allant de travers - ouvriers de grande ville à la mine tirée et misérable ; des femmes en petit châle de mérinos et en coiffe pointue de mousseline, qui marchaient le regard allumé, les pommettes rouges, avec une odeur d'eau-de-vie ; des vieux et des vieilles à l'ivresse sale, qui étaient tombés et qu'on avait ramassés, et qui s'en allaient devant eux le dos plein de boue. »

La pluie, l'eau-de-vie : on n'aura pas fini d'arroser et d'être arrosés en Bretagne ! Julien Viaud alias Pierre Loti décrit ainsi Brest dans son roman *Mon frère Yves* (1883), un roman qui, malgré sa description noire, connaîtra un vif succès en Bretagne. Parmi ceux qui lisent le français, *evel-just !* Naturellement !

« J'aime la Bretagne. J'y trouve le sauvage, le primitif. Quand mes sabots résonnent sur ce sol de granit, j'entends le ton sourd, mat et puissant que je cherche en peinture. »

Paul Gauguin, en mars 1888. Comme en témoignent ses cent trente tableaux réalisés du côté de Pont-Aven, le peintre n'en éprouve pas moins un vif amour pour ces « sauvages » de Bretagne et surtout pour les Bretonnes.

« Pays mouillé, touchant comme un visage en larmes. »

Vers de François Coppée (poème à Brizeux dans *les Paroles sincères,* en 1891), cité dans l'excellent *la Bretagne pour les Nuls* de Jean-Yves Paumier, 2011.

« C'est à l'automne surtout que la fièvre ravage cette population misérable, les êtres se recroquevillent davantage, se décolorent, se dessèchent et meurent, pareils à des plantes frappées par le vent mauvais. »

Octave Mirbeau, *Les Vingt et un Jours d'un neurasthénique,* 1901. Comme il l'annonce lui-même, l'auteur du *Journal d'une femme de chambre* est très dépressif.

« La basse Bretagne, qui fournit tant de travailleurs à bon marché, aux bras solides, étrangers à tout métier spécialisé et complexe, est une pépinière de manœuvres pour toutes les entreprises qui ont à remuer de la terre et des pierres. »

Camille Vallaux, *La Basse Bretagne, étude de géographie humaine*, Éditions d. Comely & Cie, Paris, 1905.

« Sur la côte bretonne, il existe un petit village où les femmes ne plaisantent pas. Situé près d'une station balnéaire, ce village recevait, chaque jour, la visite de jolies baigneuses, désireuses de faire un peu d'exercice après le bain. Rien de plus naturel. Seulement voilà ! Elles y venaient en maillot. Cela ne plut pas, on le devine, aux femmes du pays, trouvant que leurs maris s'intéressaient trop aux "étrangères". Ces Bretonnes énergiques organisèrent une petite conspiration, se munirent de branchettes de ronces et de touffes d'orties, puis à l'entrée d'un petit bois, allèrent guetter les baigneuses.

Quand celles-ci apparurent, les Bretonnes se jetèrent sur elles et les fustigèrent rudement avec les armes qu'elles avaient en main. Les coquettes, trop punies, eurent bien du mal à s'échapper. Les caresses des orties et des ronces leur ont enlevé, à tout jamais, le goût de se promener en maillot de bain. »

Dans *Le Petit journal illustré*, 11 septembre 1927, un témoignage piquant de l'accueil des touristes, qui devrait dissuader ses lectrices parisiennes qui rêvent d'aventures balnéaires en Bretagne.

« Ce qu'il y a d'agréable en Bretagne, écrit Roger Nimier, c'est qu'il n'y a pas de monuments à visiter. »

Extrait de *Tableaux de Bretagne* de Julien Gracq dans son livre de critiques *Lettrines* (chez l'éditeur José Corti, 1967) citant des « Hussards », ces écrivains de droite hostiles à l'« existentialisme » de Jean-Paul Sartre.

« J'ai quand même écopé de deux prénoms assez effrayants : Hugues, et, j'ose à peine le murmurer, Gwen-Aël. Ce prénom en forme de bahut breton est un des chagrins de ma vie. J'en suis honteux comme d'une mauvaise action, je l'endure comme le péché originel [...]. Quelle tocade saugrenue de la Bretagne et des bretonneries mes parents avaient-ils en tête lorsque ma pauvre sœur et moi nous sommes nés ? On n'a pas le droit d'appeler Gwen-Aël un enfant innocent [...]. C'est comme de lui jeter une malédiction. »

L'écrivain Jean Dutourd, de l'Académie française, dans *Henri ou l'Éducation nationale,* 1983.

« Je vous amène le beau temps, annonce le Président Sarkozy à un pêcheur du Guilvinec où il est en visite.
— En Bretagne, il ne pleut que sur les cons !, réplique le marin.
— Il doit pleuvoir souvent alors. »

Cette conversion télévisée a eu lieu le 9 novembre 2007. Comme beaucoup de répliques célèbres du nouveau président de la République, celle-ci donne autant la mesure de son mépris pour les « petites gens » en général, que pour les Bretons en particulier.

« Un pays pour photographe. Il y a une lumière qu'on trouve rarement ailleurs, elle varie tout le temps. Les paysages aussi en bord de mer changent à tout moment avec les marées… Mais je dois dire que le côté "régionaliste" de la Bretagne m'agace un peu. Les panneaux de signalisation écrits en deux langues, tous ces trucs-là, ont tendance à m'énerver. Sans doute parce que je suis plus planétaire que véritablement attaché à une région. Je pense que le destin des langues est de se dissoudre dans les autres langues afin de permettre davantage de communication ».

Yann-Arthus Bertrand, interview dans *Bretons*, juillet-août 2009. Vu d'avion, on photographie de somptueux panoramas : la Bretagne est bien belle, dommage qu'il y ait les Bretons pour gâcher le tableau. Mais soyons indulgents, dans le chapitre suivant, on dit bien pis encore concernant la langue bretonne !

(FINISTÈRE.)

Nouvelle mode.
Trop de pantalon, pas assez de gilet.

Ancienne mode.
Trop de gilet, et pas assez de culotte

CHAPITRE III

« Peste soit du Baragouineux ! »

« Ah ! Peste soit du baragouineux ! » C'est Molière qui emploie le premier l'expression après que Rabelais a popularisé le mot *« baragouin »*. L'expression est donc bien antérieure à la guerre de 1914-1918, comme on l'a souvent dit. Pendant des siècles, les Français se plaignent que se parle, en basse Bretagne une langue incompréhensible, signe de la pauvreté d'esprit de ses habitants. Mais plutôt que de l'apprendre pour communiquer avec les indigènes, les conquérants vont s'employer à l'éradiquer. On notera d'ailleurs que depuis qu'existent des dictionnaires et livres d'apprentissage des langues, les Français rédigent des volumes, lexiques et glossaires d'iroquois, de swahili, de mongol, mais quasiment pas de breton.

Le contraire est vrai. C'est le rapport du faible au fort : des Bretons vont se plonger dans la linguistique pour s'ouvrir au monde et accompagner leurs voyages. Dès le XVe siècle, Jean Lagadec de Tréguier imprime son *Catholicon*, dictionnaire breton-français-latin. Nombreux sont les voyageurs et savants, également ceux de haute Bretagne, qui se distinguent par la connaissance des langues. Il suffit de penser aux trois Vitréens : Pierre Malherbe le globe-trotter polyglotte de Henri IV ; Pierre des Vallées, l'interprète en persan de Louis XIII ; Claude-Étienne Savary le premier traducteur du *Coran* en français.

On nous rétorquera que les hauts Bretons ne parlaient pas *brezhoneg* mais plutôt le gallo. Mais ces derniers nous répondent que, grâce à la résistance de la langue en basse Bretagne, et son apprentissage là où elle ne se parlait pas avant, l'identité bretonne a survécu sur les cinq départements et au-delà des mers.

« *Baragouin – n.m. Langage corrompu et incompréhensible. – Ce mot vient du bas breton bara, pain, et gwin, vin; mots qui devaient souvent être entendus par les Français chez les Bretons. Ils en firent l'équivalent de* langage incompréhensible. »

Le Nouveau petit Larousse illustré, janvier 1952.

« *Baraguoin. Celui qui parle une langue incompréhensible. XVe siècle. Du bas breton "bara" et « gwen ». Langage incorrect et inintelligible et par extension langue qu'on ne comprend pas et qui paraît barbare.* Voir, *jargon, charabia.* »

Le Petit Robert, 1993. Ce dictionnaire donne une autre version : il ne s'agit plus de « pain » et de « vin », mais de « pain blanc ».

« *Baranguer :* verbe intransitif. *Parler à tort et à travers.* »

Léandre Bergeron, *Dictionnaire de la langue québécoise,* (VLB éditeur, Montréal, 1980).

« *Bredouiller. Verbe intransitif (1564). Altération de l'ancien français bredeler, variation probable de bretter, bretonner, "parler comme un Breton".* »

Le Petit Robert, 1993

« *Bretonnant (e) – Se dit de la Bretagne et des Bretons qui ont conservé leur ancien langage, leurs mœurs primitives.* »

Le Nouveau Petit Larousse illustré, rédigé par Claude Augé, 1924.

« *L'idiome brette, langage vulgaire est prolixe, rude, et mal poli en sa diction.* »

Gilles de Kerampuil, chanoine de Saint-Tremeur de Carhaix, traducteur en 1568 du *Catéchisme* de Casinius en breton, langue à laquelle il préfère manifestement le français et le latin. C'est souvent ainsi du haut clergé : il meurt à Rennes dix ans plus tard alors qu'il est devenu évêque de la ville.

« Ah ! Peste soit du baragouineux ! »

Molière, *les Fourberies de Scapin*, Acte III, scène II. C'est dans cette pièce jouée pour la première fois en mai 1671 au théâtre du Palais-Royal qu'apparaît cette expression dans la langue française, dans la bouche du valet Scapin.

« Et tous parlaient si extrêmement breton que nous pâmions de rire. »

La marquise de Sévigné, ici le dernier jour de mai 1680, trouve toujours une bonne occasion de se gausser des petites gens qui doivent rester à leur place. Surtout s'ils ne parlent pas français.

« Une langue aussi stérile et grossière qu'est la bretonne. »

Charles Le Bris, prêtre originaire de Lanhouarneau, servant dans l'évêché du Léon, publie en français *Prières et instructions chrétiennes* (1725), mais aussi une quinzaine d'ouvrages en breton dont un célèbre *Angelus*, bien conscient qu'employer le seul français en chaire lui aurait fait perdre beaucoup de paroissiens.

« Le fédéralisme et la superstition parlent bas breton ; l'émigration et la haine de la république parlent allemand ; la contre-révolution parle italien et le fanatisme, le basque. Cassons ces instruments de dommage et d'erreur. »

Le révolutionnaire Bertrand Barère de Vieuzac, dans son *Rapport du Comité de Salut public sur les idiomes* du 8 Pluviôse An II (27 janvier 1794). Curieusement cet avocat et homme politique, né en 1755 à Tarbes, parlait et écrivait des poèmes en occitan.

« L'ignorance de la langue que parle la classe pauvre à Brest nuit beaucoup au zèle de Messieurs les commissaires de police auxquels on ne peut cependant le leur reprocher puisqu'ils ne sont pas bas bretons. »

Le sous-commissaire de la Marine Jean-François Henry, maire de Brest de 1816 à 1819.

« Il faut par tous les moyens possibles, favoriser l'appauvrissement, la corruption du breton, jusqu'au point que, d'une commune à l'autre, on ne puisse pas s'entendre. Car alors, la nécessité des communications obligera le paysan d'apprendre le français. Il faut absolument détruire le langage breton. »

Camille de Montalivet, ministre de l'Éducation en 1831, adresse une lettre aux préfets du Finistère et des Côtes-du-Nord. Un an plus tard, le roi Louis-Philippe le nomme ministre de l'Intérieur.

« Croyez-moi, Monsieur, le catalan qui me faisait tant enrager n'est qu'un jeu d'enfant auprès du bas breton. C'est une langue que celle-là. On peut la parler fort bien, je crois, avec un baillon dans la bouche, car il n'y a que les entrailles qui paraissent se contracter quand on cause en bas breton. Il y a surtout l'h et le c'h qui laissent loin derrière la jota *espagnole. Les gens qui parlent cette belle langue sont bons diables, mais horriblement sales (...). On voit dans les villages les enfants et les cochons se roulant pêle-mêle sur le fumier, et la pâtée que mangent les premiers serait probablement refusée par les cochons du Canigou. »*

Lettre de Prosper Mérimée, du 8 octobre 1835, à son ami François Jaubert de Passa, hydrologue dans le Roussillon. À la différence d'autres voyageurs de l'époque, l'écrivain apprécie la langue fort belle. Dommage qu'elle fût parlée par ces cochons de Bretons !

« Qu'une ligne de fer soit construite à travers ce pays, une circulation rapide s'établira, des populations bretonnes descendront vers la France centrale et des populations plus avancées en civilisation viendront à leur tour visiter la Bretagne. Un chemin de fer apprendra en dix ans plus de français aux Bretons que les plus habiles instituteurs primaires et avancera de plus d'un siècle la fusion de cette province avec nos jeunes départements et ce sera quelque chose pour la force et la grandeur nationale. »

Lettre de René-Anselme Hamon, secrétaire particulier du ministre François Guizot, au rédacteur en chef du journal *L'Union*, 1841 (« *Lettres sur le chemin de fer de Paris vers le nord-ouest à travers le Maine).*

« Les Hurons du Finistère parlent la même langue que les Topinambours de Cornouaille. »

Phrase souvent attribuée à Victor Hugo. Mais, en réalité, dans son roman *Quatrevingt-treize (1874),* il la met dans la bouche de Robespierre.

« Ce sauvage grave et singulier, cet homme à l'œil clair et aux longs cheveux, vivant de lait et de châtaignes, borné à son toit de chaume, à sa haie et à son fossé, distinguant chaque hameau du voisinage au son de sa cloche, ne se servant de l'eau que pour boire, ayant sur le dos une veste de cuir, avec des arabesques de soie, inculte et brodé, tatouant ses habits, comme ses ancêtres les Celtes avaient tatoué leurs visages, respectant son maître dans son bourreau, parlant une langue morte, ce qui est faire habiter une tombe à sa pensée, piquant ses bœufs, aiguisant sa faux, sarclant son blé noir, pétrissant sa galette de sarrasin, vénérant sa charrue d'abord, sa grand'mère ensuite, croyant à la Sainte Vierge et à la Dame blanche, dévot à l'autel et aussi à la haute pierre mystérieuse debout au milieu de la lande, laboureur dans la plaine, pêcheur sur la côte, braconnier dans le hallier, aimant ses rois, ses seigneurs, ses prêtres, ses poux; pensif, immobile souvent des heures entières sur la grande grève déserte, sombre écouteur de la mer. »

Victor Hugo, dans son roman *Quatrevingt-treize*, 1874. Dans *Comment peut-on être breton ?*, le journaliste-écrivain Morvan Lebesque relève : *« Les Bretons parlent une langue morte qui fait habiter une tombe à leur pensée. » Pourquoi morte, puisqu'on la parle ? Et pourquoi, une tombe ? Y-a-t-il donc des langues où l'on pense et des langues où l'on ne pense pas ?*

« Baragouin : manière de parler des étrangers. Toujours rire de l'étranger qui parle mal le français. »

Gustave Flaubert, *Dictionnaire des idées reçues,* écrit entre 1850 et 1880, publié de manière posthume en 1913.

« Le vieil idiome, miné par l'infiltration continuelle de la langue française, recule peu à peu. Le génie de l'improvisation poétique, qui a subsisté si longtemps chez les Celtes d'Irlande et d'Écosse, qui chez nos Bretons même n'est pas tout à fait éteint, devient pourtant une singularité rare. »

L'historien Jules Michelet dans son ouvrage *Notre France* consacre un grand chapitre à la Bretagne, en 1886, et manifeste un réel pessimisme quant à l'avenir de la langue bretonne.

« Un principe qui ne saurait jamais fléchir : pas un mot de breton en classe ni dans la cour de récréation. »

Injonction de l'inspecteur d'académie du Finistère, Joseph Dosimont, en 1897.

« Ce sont des Français qu'il faut pour franciser les Bretons, ils ne se franciseront pas tout seuls. Il y a un intérêt de premier ordre à ce que les Bretons comprennent et parlent la langue nationale. Ils ne seront vraiment français qu'à cette condition. »

Missionné en 1886 en basse Bretagne, Monsieur Irénée Carré a mis au point la « méthode directe » ou « méthode maternelle » pour apprendre le français, soutenue par la Ligue de l'enseignement. Notons qu'il s'oppose cependant à l'idée de punir les enfants s'ils utilisent leur langue d'origine à la récréation, comme par exemple de leur faire porter un sabot au cou : *« Singulier moyen de leur apprendre la langue et de la leur faire aimer ! Singulier moyen d'éducation aussi, que cet espionnage continuel, avec ses délations qu'ils amenaient nécessairement. »* Que les hussards noirs de la République se le tiennent pour dit !

« Le petit Breton est abandonné à lui-même dès qu'il peut marcher. À peine vêtu, malpropre, il patauge toute la journée par les chemins, mange à l'écart un morceau de pain noir, joue peu, ne parle pas... S'il a huit ans d'âge physiquement, il en a trois à peine pour le développement intellectuel. Y a-t-il lieu, dans ces conditions, de tenir compte des quelques mots bretons qui lui ont suffi pour traîner jusque-là une vie rudimentaire ? Je ne crois pas. Mieux vaut admettre qu'il ne sait rien et commencer avec lui par le commencement, comme on fait à l'école maternelle. »

Ainsi parle Frédéric Poitrineau, l'inspecteur d'académie de Vannes, en mars 1888, puis à Rennes, cité par Fañch Morvannou, *le Breton, la jeunesse d'une vieille langue* (1980). Il est président du Cercle républicain d'enseignement laïque jusqu'à son décès en 1904.

« L'esprit devient plus sensible à la beauté d'une langue par comparaison avec une autre langue, il saisit mieux le caractère propre de chacune, l'originalité de sa syntaxe, la logique intérieure qui en commande toutes les parties et qui lui assure une sorte d'unité organique. Ce qui est vrai du basque est vrai du breton. Ce serait une éducation de force et de souplesse pour les jeunes esprits. »

Il fait exception : le dirigeant socialiste Jean Jaurès défend le bien fondé du bilinguisme dans *La Revue de l'enseignement primaire,* du 15 octobre 1911. À la même époque, on trouvera une semblable position chez le socialiste breton Émile Masson ou le « Jaurès irlandais » James Connolly qui défend à la fois la langue bretonne et le gaélique de chez lui (*voir chapitre XIII).*

« Imaginons qu'un Breton veuille écrire dans sa langue un ouvrage de philosophie ; il y parviendrait sans doute. Malheureusement les Bretons, du moins ceux qui bretonnent, ne s'intéressent guère aux questions philosophiques. »

Jules Vendryès, *Le Langage,* 1923. Rassurons-nous, il existe même des dictionnaires français-breton de philosophie.

« Pour l'unité linguistique de la France, la langue bretonne doit disparaître. »

Anatole de Monzie, ministre de l'Instruction publique et des Beaux-Arts, 28 avril 1925, lors de son discours d'inauguration à l'Exposition internationale des Arts décoratifs et industriels modernes de Paris. Au Pavillon de la Bretagne flotte le drapeau nouvellement créé : le *Gwenn ha Du*.
Souvent cité, de Monzie est un « nationaliste » français. Ironie de l'histoire : après la chute de l'URSS en 1992, les archives soviétiques ont révélé que ce ministre avait trahi la République française en travaillant pour les services secrets de Staline. Drôles de mœurs…

« La seule réponse à faire aux revendications linguistiques bretonnes, c'est d'emprisonner tous ceux qui les formulent. »

Albert Dalimier, qui prononce un discours à Tréboul le 11 septembre 1932, est alors ministre du Travail et de la Prévoyance sociale. Nommé ensuite ministre de la Justice, puis des Colonies, il est à deux doigts de se retrouver lui-même derrière les barreaux et démissionne, en janvier 1934, quand il apparaît qu'il a profité des largesses de l'escroc Alexandre Stavisky, lequel vient de se « suicider ».

« Pour être comprise par tout le monde, l'émission en langue bretonne sera désormais en français. »

En avril 1969, pince-sans-rire, Alain Peyrefitte, le ministre de l'Information depuis 1958, répond au député de Lorient Roger Vitton qui le questionne sur la politique régionale de l'ORTF (cité par Morvan Lebesque dans *Comment peut-on être Breton ?*, Le Seuil, 1970). La même année, le ministère en question est supprimé…

« Oui, les langues régionales doivent vivre là où elles correspondent à une réalité historique et sociale. Et c'est le cas de la Bretagne. »

Georges Marchais, secrétaire général du Parti communiste français, cité dans *Bretagne nouvelle*, numéro 86, du 17 mars 1974, détonne avec la ligne habituelle de son parti à l'époque (même si en 1932, le PC préconisait « l'autodétermination pour le peuple breton »).

« Diwan passe son temps à critiquer l'État et à apprendre aux enfants des maternelles qu'ils sont soumis à une domination colonialiste. »

Sentiment de Jacques Cressard, député breton, en 1979 à l'égard des écoles en langue bretonne. Dans d'autres domaines, ce membre de l'UDR (Union des démocrates républicains) fait preuve de positions beaucoup plus progressistes, puisqu'il milite pour l'abolition de la peine de mort et qu'on lui doit la fameuse

« loi Cressard » (1974) qui permet aux pigistes de bénéficier du statut de journaliste professionnel. Une loi unique en Europe.

« Il n'est pas jusqu'à l'école, formidable ferment de progrès et d'épanouissement, qui ne soit parfois détournée de sa mission, forçant les parents à renier leur langage maternel, à ne plus parler aux enfants. Certes, il fallait apprendre le français, mais pourquoi donc contre le breton ? Les socialistes se sont levés, Émile Masson le premier, pour crier leur combat pour l'homme, leur refus de l'aliénation. Car pour eux, c'est blesser un peuple au plus profond de lui-même que de l'atteindre dans sa langue et sa culture. Nous proclamons le droit à la différence. Il est indigne de la France qu'elle rejette ses richesses, qu'elle soit le dernier pays d'Europe à refuser à ses composants les droits culturels élémentaires, reconnus dans les conventions internationales qu'elle a elle-même signées... Le socialisme milite pour le libre épanouissement des peuples. Il permettra aux Bretons l'exercice de cette liberté fondamentale qui est de vivre sa culture. »

François Mitterrand prononçait ces paroles à Lorient, le 14 mars 1981, avant le premier tour des élections présidentielles. On attend toujours que la France ratifie la Charte des langues minoritaires. On verra plus bas que François Hollande, son héritier, choisira le lendemain du premier tour des présidentielles, le 23 avril 2012 pour se rendre dans la même ville et annoncer à son tour qu'il est favorable à ladite ratification.

« Ne conviendrait-il pas que, dans les organisations internationales, nos représentants s'expriment en français ? Lorsque la langue française est menacée, il est choquant de voir la France représentée par le breton. On n'est pas Breton ou Français. On est Français et Breton. »

Monique Rousseau, députée du Rassemblement pour la République (RPR) du Doubs est choquée parce qu'au concours de chanson Eurovision, la France soit représentée en mai 1996 par Dan Ar Braz qui a extrait une chanson en breton de son Héritage des Celtes. Ironie de l'histoire : une autre Celte, l'Irlandaise Eimar Quinn remporte ce trophée et Mme Rousseau ne sera pas réélue l'année suivante sans qu'il y ait - admettons-le - un rapport de cause à effet.

« Monsieur Lang ayant créé un CAPES de patois breton, pourquoi ne pas créer un CAPES de mendicité ? Il y a une « culture » à préserver, comme on dit de nos jours. »

L'écrivain pamphlétaire Jean Dutourd dans *France-Soir Magazine*, novembre 1985. Cet académicien français est décédé le 17 janvier 2011 regrettant jusqu'à son dernier souffle que sa mère qu'il a perdu à l'âge de sept ans, lui ait donné un deuxième prénom breton « Gwenaël »...

« Les aborigènes vont pouvoir parler leur patois, pardon, leur langue, sans se faire rire au nez. Et peut-être garder leur accent c'est-à-dire leur béret et leurs sabots. [Le premier ministre français] a raison. Maintenant que le bulldozer jacobin a laminé et éradiqué les pagnolades et les bécassinades, on peut élever les trois douzaines de couillons qui parlent encore leur pataquès (pardon : langue) au rang de patrimoine national et leur apposer un label fermier. »

L'hebdomadaire satirique *Charlie-Hebdo* du 7 octobre 1998.

« On n'est pas capable d'apprendre en breton la philosophie (...). Le Français est une langue bien plus riche. Supérieure ? Oui ! Le breton n'est pas une langue écrite. »

Arlette Laguiller, lors d'une interview à TV Breizh, avril 2002. Désormais à la retraite, l'ancienne candidate aux présidentielles du groupe Lutte ouvrière aura le loisir d'étudier l'ouvrage de Tugdual Kalvez, le *Dictionnaire de philosophie français/breton, breton français (Geriadur ar Brederouriezh).*

« La France a besoin de fabriquer des informaticiens parlant anglais et on va fabriquer des bergers parlant breton ou occitan. »

L'ex-ministre de l'Éducation nationale, le « socialiste sarkozien » Claude Allègre s'oppose aux propositions de Jack Lang pour la reconnaissance des langues minoritaires au printemps 2001.

« Plus grave, parce que plus gribouille, la politique apparemment consensuelle en faveur des parlers régionaux, lesquels viendraient au secours du français à peu près comme le « réduit breton » devait, selon l'état-major déjà replié à Bordeaux, arrêter les panzers ! De façon tout à fait anticonstitutionnelle, puisque le français vient d'être sacré, par ajout référendaire, "langue de la République", le texte couvert par l'actuel premier ministre ravale notre langue au rang d'un "idiome" parmi d'autres langues "régionales", qualifiées de "langues de France", comme par crainte de mots plus exacts mais susceptibles de provoquer des ripostes électorales ou paramilitaires. (...) Loin des racines gréco-latines, des Lumières et de leur hégémonie fatiguée, l'avenir serait donc aux vieilleries rustiques, aux cendres que l'on tisonne... Tristes vœux ! »

Article de Bertrand Poirot-Delpech, de l'Académie française, intitulé *Noël au tison*, dans *Le Monde*, 25 décembre 2002.

« Nous assistons à une dérive communautaire depuis déjà une dizaine d'années qui avait commencé avec l'affaire du foulard et qui peut aller jusqu'aux écoles Diwan ».

Luc Ferry, philosophe et ministre de l'Éducation nationale, février 2003.

« Peu d'entre eux parlent notre langue et tous s'expriment dans ce breton guttural qui fait que lorsqu'ils disent des amabilités, ils te donnent à croire qu'ils s'insultent. »

Trois éclats blancs, bande dessinée de Bruno Le Floc'h (Delcourt, 2004).

« La France, c'est aussi la langue... Il faut transmettre à nos enfants l'intégrité de notre langue. La France est atteinte par une espèce de dislocation à l'intérieur, par le communautarisme. Les gens se tournent vers une identité : soit religieuse (...) soit régionaliste comme ceux qui pensent être bretons avant d'être français. La langue est en train de disparaître (...). Sous le règne de M. Sarkozy par exemple est apparu en Bretagne le bilinguisme. Vous avez aujourd'hui sur les panneaux routiers, non plus seulement le nom de la ville en breton, ce qui était compréhensible, mais aussi indiqués : toutes directions ou zone commerciale. On revient au bilinguisme. Ça, c'est extrêmement grave. »

Marine Le Pen, dirigeante du Front national invitée de Serge Moati dans l'émission de France 5, *Ripostes,* le 21 janvier 2007 (Cité dans le magazine *Bretons,* février 2007).

« J'écris « pseudo-langue bretonne » car ce qui est nommé de cette façon n'est aucune des cinq langues parlées historiquement, mais une « langue unifiée » dont le vocabulaire et la grammaire furent fixés à la demande de l'occupant nazi en 1941 par une plume ensuite condamnée à mort par contumace pour sa collaboration avec les tortionnaires de la Gestapo. Je maintiens ma protestation absolue contre la manière honteuse qu'ont les éléments les plus sournois des identitaires ethnicistes de Bretagne d'inclure les Bretons d'une manière générale dans leur idéologie et de faire comme s'ils les représentaient tous. »

Jean-Luc Mélenchon, candidat du Front de gauche aux présidentielles de 2012, sur son blog, le 23 septembre 2007, dans une chronique intitulée « Il y a breton et breton ». Au début du même texte, il précise : *« Naturellement je ne veux pas dire que tous les amis de cette cause très discutable soient liés à l'extrême droite, loin de là. J'ai pu constater à mes dépens qu'un certain suivisme irréfléchi atteint aussi les miens. »*

« Pourquoi ne pas classer aussi dans le patrimoine de la France les monuments historiques ou même la gastronomie, voire la potée auvergnate... »

Michel Charasse, en 2008, à propos de l'éventuelle reconnaissance des langues régionales dont la langue bretonne. Sans s'en douter, l'ancien conseiller de François Mitterrand et ministre du Budget est prophète : en effet la gastronomie française sera inscrite par l'Unesco au patrimoine immatériel de l'humanité.

« Précisons que le politiquement correct passe souvent sous silence cette information qu'il n'existe pas une *langue corse,* une *langue bretonne, mais des dialectes corses ou bretons, chacun correspondant à une étroite zone géographique déterminée par le pas d'un homme avant l'invention du moteur.*
*Le mythe d'*une *langue corse ou d'*un *unique parler breton singe paradoxalement le jacobin honni, car lesdites langues régionales sont compartimentées en groupes de dialectes... »*

Le philosophe Michel Onfray dans *Le Monde,* 10 juillet 2010. Le fondateur de l'Université populaire de Caen aime à déboulonner les mythes. Mais loin des conclusions des linguistes, il n'innove pas vraiment en ressassant une vieille ritournelle qui voudrait qu'hormis le français il n'y ait pas d'autres langues en France, mais seulement des dialectes ou des patois. De surcroît, il précise dans le même article que *« La langue régionale exclut l'étranger »* qu' *« elle fonctionne en cheval de Troie de la xénophobie, autrement dit, puisqu'il faut préciser les choses, de la haine de l'étranger, de celui qui n'est pas «* né natif *» comme on dit. »*

« Quand on aime la France, on ne propose pas de ratifier la charte des langues régionales et minoritaires qui n'a pas pour but de faire vivre les langues régionales mais de reconnaître des droits linguistiques à toutes les minorités et de les placer sous le contrôle d'une Cour européenne qui jugera sans tenir compte de notre histoire nationale et de notre tradition républicaine. »

Pendant la campagne électorale de 2012, le meeting inaugural du candidat-président Nicolas Sarkozy à Marseille boucle la boucle de son attitude à l'égard de la Bretagne et des Bretons, entre autres...

« Je suis en Bretagne, en Bretagne fière de son histoire, qui attend depuis des années que l'État enfin ratifie la charte des langues minoritaires et régionales. Eh bien, nous le ferons ensemble ! Et nous ferons en sorte que la langue française ne soit en aucune façon menacée, mais que la langue bretonne puisse être enseignée, parlée, diffusée, comme les langues minoritaires. »

Comme François Mitterrand en 1981, le candidat François Hollande choisit Lorient au lendemain du premier tour des élections de 2012, pour proposer la ratification de la Charte des langues minoritaire s'il est élu président de la République (cité par *Cap Finistère* - N° 954 du 27 avril 2012 - hebdomadaire de la Fédération du Finistère du Parti socialiste).

Un envoi qui coûterait gros de port.....

Lith. Vayron, rue Galande, 51, Paris.

Paris, Au Bureau du Journal Amusant r. Bergère, 20

Chapitre IV

« Les Bretons, c'est comme les cochons… »

« Les Bretons, c'est comme les cochons… », c'est le Corse Charles Pasqua qui entonne cette chanson, en 1992, sur l'air des *Bourgeois* du Belge Jacques Brel. Il est très mécontent que ces Bretons, par leur vote, aient fait gagner le « Oui » à l'Europe du Traité de Maastricht. Ce faisant, il s'inscrit dans une vieille tradition…

Depuis une éternité, chroniques, livres et articles de presse associent étroitement les paysans bretons - *les ploucs* -, avec la pauvreté, la malpropreté, et comme symbole de la saleté, la race porcine. Cette dernière était naturellement très importante dans l'histoire des Celtes, des Gaulois, des Bretons longtemps avant que la famille Hénaff triomphe à travers le monde grâce à son pâté et ses rillettes.

« Plouc, n.m. et n.f. (apocope des noms de localité bretonne commençant par Plou-*, ou altération de* Ploum*, rustre.) Péjoratif. Paysan. Personne rustre. »*

Selon le *Nouveau Littré*, l'expression fait son apparition à Paris en 1880, quand des milliers d'immigrés bretons s'installent à Paris. L'écrivain Jean Rohou dans ses mémoires *Fils de ploucs*, redonne une légitimité à ce terme.

« Car les Bretons, très bien le sais,
S'entre-doivent tous d'un accord
Aimer et craindre jusqu'à la mort.
Pour ce sont-ils en général
Nommés pourceaux, non pas par mal;
Car pourceaux, telle nature ont:

Quand l'un fort crie, les autres vont
Tous ensemble pour l'aider. »

Vers 1400, Guillaume de Saint-André, chroniqueur du duc Jean IV, écrit son *Livre du bon Jehan, duc de Bretaigne,* traité de morale pour l'instruction de son fils. C'est à cause de l'entraide typique des Bretons qu'on les appelle « les pourceaux » selon lui. Ceci dit, Guilleaume les aime plutôt au point de comprendre qu'ils veuillent s'émanciper de la « servitude » que fait régner la France, et « *pensoient défendre fort leurs libertés jusqu'à la mort, car liberté est délectable* »...

« Imaginez la malpropreté, l'odeur, l'humidité, la boue qui règnent dans ces demeures souterraines (...) ajoutez-y la malpropreté, la galle originelle, héréditaire, et des pères et des enfants, la malpropreté d'individus qui ne se baignent, qui ne se lavent jamais, qui sortent des fossés, des mares, des cloaques où l'ivresse les avait précipités; peignez-vous ces cheveux plats et longs, cette barbe épaisse, ces figures chargées de raies crasseuses, les courts gilets, les culottes épaisses, les petits boutons, les guêtres, les sabots qui forment leur habillement et vous aurez l'idée d'un paysan breton. »

«En Bretagne», dans *Le Journal illustré*, Paris, 1896.

Jacques Cambry, originaire de Lorient, commissionnaire désigné par le département du Finistère pour recenser les richesses artistiques et faire leur inventaire après les ravages de la Terreur, réalise un rapport sur le Finistère. Il est publié à Paris sous le titre *Voyage en Finistère, ou état de ce département en 1794* (1798). À noter qu'il était hostile au jacobinisme ce qui avait failli lui coûter la tête...

« Tu communiqueras cette description d'un logis breton à ton père. Il est vrai qu'il dira que Pontorson est en Normandie. Il est vrai, la carte dit : en Normandie mais la saleté dit : en Bretagne.
Du reste, dans ce pays-ci, les cochons mangent de l'herbe ; il n'y a qu'eux qui soient propres en Bretagne. »

En 1834 Victor Hugo a rejoint Juliette Drouet en Bretagne. Il parcourt le pays. Le 25 juin 1836, il décrit ce qu'il voit dans ses courriers à Adèle, son épouse. Courriers publiés en 1892, par Hetzel, dans *Voyage en France et en Belgique.*

« J'avais besoin d'eau. Depuis que je suis en Bretagne, je suis dans l'ordure. Pour se laver de la Bretagne, il faut bien l'océan. Cette grande cuvette n'est qu'à la mesure de cette grande saleté. »

Toujours le rapport de Victor Hugo, lettre à Adèle Hugo, le 25 juin 1836. L'obsession de l'écrivain va crescendo.

« Eh bien ! Il y a dix villes comme cela en Bretagne, Vitré, Sainte-Suzanne, Mayenne, Dinan, Lamballe, etc. ; et quand vous dites aux stupides bourgeois, qui sont les punaises de ces magnifiques logis, quand vous leur dites que leur ville est belle, charmante, admirable, ils ouvrent d'énormes yeux bêtes et vous prennent pour un fou. Le fait est que les Bretons ne comprennent rien à la Bretagne. Quelle perle et quels pourceaux ! »

Victor Hugo, lettre à son ami Louis Boulanger, le 25 juin 1836. Toujours la même obsession de la saleté de l'homme de la capitale, bien que cette fois elle s'adresse surtout aux bourgeois, « c'est comme les cochons »...

« Pauvre Bretagne ! qui a tout gardé, ses monuments et ses habitants, sa poésie et sa saleté, sa vieille couleur et sa vieille crasse par-dessus. Lavez les édifices, ils sont superbes ; quant aux Bretons, je vous défie de les laver (...). Vous avisez une charmante chaumière qui fume gaiement à travers le lierre et les rosiers ; vous admirez, vous entrez. Hélas ! mon pauvre Louis, cette chaumière dorée est un affreux bouge breton où les cochons couchent pêle-mêle avec les Bretons. Il faut avouer que les cochons sont bien sales. »

Autre extrait du courrier de juin 1836 de Victor Hugo à son ami Louis Boulanger. On notera que les remarques d'Hugo s'inscrivent dans une époque où naissent les préoccupations hygiénistes.

« Ces bas Bretons ont un langage dur et difficile à comprendre. Leurs habitudes, leurs coutumes, leur crédulité et leurs superstitions leur laissent à peine une place au-dessus de l'homme sauvage. Le paysan y est d'une malpropreté dégoûtante. Son habitation peut presque se comparer à celle d'Hottentots… En général, les paysans ont une mauvaise physionomie, stupide et brutale à la fois. »

Le géographe Victor Adolphe Malte-Brun n'y va pas de main morte dans l'un de ses nombreux ouvrages : *Les Jeunes voyageurs en France,* (Paris, éditions Lehuby, 2 volumes, 1840-42). Malgré ces jugements définitifs sur les Bretons, le Nantais Jules Verne s'inspirera de certains de ses articles publiés dans les *Bulletins de la Société géographique de Paris* pour rédiger de fameux romans : *les Enfants du capitaine Grant* ou *Vingt mille lieues sous les mers* !

« Le paysan breton, en règle générale, est chétif et rabougri comme son bétail. Il est sale, ignorant, dévot, abruti par l'eau-de-vie, malsain de corps et d'esprit. Vous sentez, sans que je le dise, qu'un peuple éparpillé ne peut échanger beaucoup d'idées. D'ailleurs, pour échanger, il faut avoir ! Le Breton, qui ne parle et n'entend que le breton, est protégé par son patois comme un escargot par sa coquille. »

Célèbre pour son roman *l'Homme à l'oreille cassée,* le Lorrain Edmond About publie, dans la *Revue parisienne,* le récit du voyage *En Bretagne* qu'il a réalisé à pied, en 1849, avec son ami le journaliste Francisque Sarcey, le même qui fustigera la bêtise des Bretons puisqu' « *ils croient en l'influence de la lune sur les marées* ».

« Ce pauvre village morbihanais vous fait penser à quelque douar africain ; c'est le même air étouffé, vicié par le fumier qu'on entasse sur les seuils, la même familiarité entre bêtes et gens. »

Alphonse Daudet, « Une visite à l'île de Houat », dans *Souvenirs d'un homme de lettres.* À noter que, contrairement à son héros Tartarin de Tarascon, mais aussi vantard que lui, Daudet n'est jamais allé en Afrique…

° 75. 2e année. 11 Avril 1896 — 15 centimes.

Le Rire

JOURNAL HUMORISTIQUE PARAISSANT LE SAMEDI

n an : Paris, 8 fr.
ments, 9 fr. Étranger, 11 fr.
is : France, 5 fr. Étranger, 6 fr.

10, rue Saint-Joseph, 10
PARIS
Les manuscrits et dessins non insérés ne sont pas rendus.

M. Félix JUVEN, Directeur. — Partie artistique : M. Arsène ALEXANDRE

EN ARMORIQUE

— Jannik !... ousque t'as mis ton peigne ?...
— Ma mère, je l'ai mis sur le beurre !
— Mais, cochonne, tu vas salir ton peigne !

Dessin de Jossot.

« Jannik ! Ousque t'as mis ton peigne ?
— Ma mère, je l'ai mis sur le beurre !
— Mais, cochonne, tu vas salir ton peigne !

Ce dialogue figure en « une » du journal humoristique paraissant le samedi, *Le Rire*, le 11 avril 1896, sous l'illustration de couverture, signée Jossot, présentant deux Bretonnes en coiffe. La jeune fait songer à Bécassine avant l'heure. Gustave Jossot est l'auteur d'une série de dessins, célèbres en son temps, intitulée *Bretons et cochons*.

« Les paysans bretons sont si ignorants qu'ils croient en l'influence de la lune sur les marées. »
Le journaliste Francisque Sarcey, journaliste au *Temps*, en 1890. On l'a vu faire le tour de la Bretagne à pied, en 1849, avec son ami le romancier Edmond About.

Francisque sarcey (1828-1899).

« Bon sang ! ça schlipote ici, fit le double : Caporal de chambrée, faites ouvrir les fenêtres.
— Chef, crut devoir faire observer le Parigot, c'est le Breton qui moite comme ça. Il n'est pas comme la chanson qui dit : "J'ai un pied qui remue", il remue des deux, lui, et sérieusement ! »
L'entrée « Puer » dans le dictionnaire *L'Argot au XXe siècle* d'Aristide Bruant, 1901.

« Sur la côte bretonne, entre Lorient et Concarneau, est un village, Le Kernac (...). L'humanité qui vit là, dans de sordides taudis, imprégnés de l'odeur des saumures et des pourritures de poisson, est chétive et douloureuse (...). Tandis que l'homme, dans sa chaloupe mal gréée, court la mer, à la poursuite de l'improbable sardine, la femme cultive comme elle peut la terre marécageuse et le coteau de landes au-dessus où, çà et là, entre les touffes des ajoncs, apparaissent de tristes emblaves (...). »
Octave Mirbeau, *Les Vingt et un jours d'un neurasthénique*, 1901.

« Les pommes de terre pour les cochons,
Les épluchures pour les Bretons,
À la nigousse, à la nigousse,
À la nigousse, merdouse ! »

Chanson des années 1920. Morvan Lebesque raconte (dans *Comment peut-on être breton ?*) que les gosses braillaient cette comptine dans la cour de récréation. Elle serait arrivée en Bretagne, suite à une tournée de cabaret en 1929. L'expression populaire *nigousse* de façon péjorative qui désigne les Bretons provient de la chanson traditionnelle *An hini goz*, (« la Vieille », en breton).

« Un Breton, c'est forcément un peu sale. »
Maurice Genevoix, dans *Ceux de Verdun, la boue* (Flammarion, 1921), dépeint le sort maudit des poilus de la Grande guerre dont il fut. Dans la boue des tranchées, il y avait peu de chance de faire la différence.

« Les principaux traits de la race bretonne sont la **malpropreté***, la superstition et l'ivrognerie. »*
Henri Busson (1870-1946), *Manuel de géographie à l'usage des lycées*, 1929.

« 5 % seulement des logements bretons ont une salle de bains et 88 %, chiffre incroyable, sont dépourvus de cabinet d'aisances. La pauvreté, elle-même inexcusable, n'excuse qu'en partie ce dénuement dégoûtant. Il provient aussi de l'indifférence, l'on est tenté d'écrire de la barbarie, des populations. »
Le journaliste de *Paris-Match*, Raymond Cartier dans son livre *Les Dix-neuf Europes* (Plon, 1960).

« La belle-mère se conserve au rez-de-chaussée où se trouve la pièce commune, forcément meublée de bretonneries à rosaces et décorée d'assiettes de Quimper où rutilent du coq, du Saint-Yves, du Saint-Guénolé, du plouc en folklorique costume. »
Hervé Bazin, *le Matrimoine* (1967) ou le naufrage d'un mariage qui reflète une fois de plus la misogynie d'un écrivain obsédé par les mauvaises relations avec sa mère quand il était enfant.

« Savez-vous ce que fait un Peau-Rouge qui tombe dans la mer Noire ? Réponse : ça fait plouf ! Et un Breton qui tombe dans la baie des Trépassés ? Réponse : ça fait plouc ! »

Blague dans *Lui, le magazine de l'homme moderne (*dirigé par Jacques Lanzmann) en 1969, publiée dans *Ils sont fous ces Bretons* d'Erwan Vallerie et Nono (2003).

« Les Bretons, c'est comme les cochons, plus ça devient vieux… »

Le ministre de l'Intérieur Charles Pasqua, chantant à la TV au soir du référendum sur Maastricht de 1992, tandis que les micros ne sont pas éteints. Il leur reproche, à ces Bretons, d'avoir voté massivement pour le « oui » (59,85 % comparé à 51,04 % pour l'ensemble de la France). Deux ans plus tard, de passage en Bretagne, il saluera tout de même l'entêtement de ses habitants.

« Ma grand-mère et sa sœur parlaient breton à table, alors on pensait que le breton ne servait qu'à dire des cochonneries. »

L'écrivain brestois Alain Robe-Grillet, de l'Académie française (1922-2008), cité par Hervé Bellec dans *Brèves de Bretagne,* 2009.

LES BRETONS, C'EST COMME LES COCHONS !
IL PARLE BEAUCOUP, POUR UN CORSE !
...ET IL DIT QUE DES CONNERIES !

La Bretonne qui a posé pour votre étude

Lith. Vayron, rue Galande 51. Paris.

Paris, Au Bureau du J.al Amusant, r. Bergère 20.

Chapitre V

« *Les femmes de ce pays sont si sottes…* »

« Les femmes de ce pays sont si sottes »… La marquise de Sévigné, encore elle ! Toujours aussi venimeuse à l'égard des Bretons. Et contre les Bretonnes dans l'une des citations les moins obscènes que nous ayons trouvées pour intituler ce chapitre. Qu'on en juge en passant en revue l'histoire de ces petites bonnes qui cherchent du travail à Paris, et à qui l'on affuble - par la BD, la presse, et même le cinéma - les oripeaux de Bécassine, symbole de la sottise personnifiée. Les nourrices que certains appellent les « vaches bretonnes » et qui y laissent leur santé. Les petites Bretonnes qui se retrouvent tapineuses à Paname ou dans les bordels de Shanghai ; les Bigoudènes, Plougastellen ou Ouessantines qu'on raille parce qu'elles portent la coiffe et le costume. Ou encore les Penn-Sardin, ces courageuses ouvrières des conserveries de Douarnenez qu'on rabroue quand elles se révoltent.

Sans oublier la duchesse Anne, la petite boiteuse, la première d'entre elles qu'on caricature…

« Bécassine – n.f. genre d'oiseaux échassiers, migrateurs, dit gallinago. Fam. *Jeune fille sotte ou trop naïve. »*

Nouveau Petit Larousse illustré, page 105. rédigé par Claude Augé, 1924.

« Sa taille était belle et médiocre… Il est vrai qu'elle avait un pied plus court que l'autre, le moins du monde ; car on s'en apercevait peu, et malaisément le connaissait-on : dont pour tout cela sa beauté n'en était point gâtée ; car j'ai vu de très belles femmes avoir cette légère défectuosité, qui étaient extrêmes en beauté… Encore dit-

on que l'habitation d'icelles femmes est fort délicieuse, pour quelque certain mouvement et agitation qui ne se rencontre pas aux autres. »

Anne de Bretagne était fort coquine, sa vie amoureuse n'étant point gâtée par son handicap, tout le contraire ! nous rassure Brantôme, chroniqueur à la cour d'Henri III dans son livre d'anecdotes érotiques *Les Dames galantes*. Moquerie ou admiration, comme souvent chez Brantôme, pour les belles Bretonnes. Chacun se fera une idée.

« Les femmes de ce pays sont si sottes qu'elles laissent croire qu'il n'y a que moi dans la ville quoiqu'elle soit toute pleine. »

La marquise de Sévigné écrit donc, comme on vient de le voir, le 12 août 1671, à sa fille la comtesse de Grignan. Habitant dans le pays de Vitré, elle se prétendait Bretonne par alliance.

« Vous saurez d'abord que c'est vers la Bretagne, douce et la bretonnante, que ce sont dirigés mes courses cette année (...). Quant aux naturels du pays, hélas ! C'est la providence sans soleil. Croiriez-vous que j'ai fait quatre cents lieues en Bretagne sans déboutonner ma braguette. Impossible de toucher sans pincettes les personnes du sexe de Brest, de Morlaix, Saint-Brieuc, Rennes, Vannes, Quimper. Ce n'est qu'à Nantes que la Providence m'a envoyé soulagement. »

L'écrivain Prosper Mérimée, dans une lettre de janvier 1836, à Esprit Requien, un naturaliste provençal à Avignon, à qui il raconte son voyage en Bretagne en tant qu'inspecteur des monuments de France.

« La Bretagne offre un singulier problème à résoudre dans la prédominance de la chevelure brune, des yeux bruns et du teint bruni chez une contrée voisine de l'Angleterre où les conditions atmosphériques sont si peu différentes. Ce problème tient-il à la grande question des races, à des influences physiques inobservées ? Les savants rechercheront peut-être un jour la cause de cette singularité qui cesse dans la province voisine, en Normandie. Jusqu'à la solution, ce fait bizarre est sous nos yeux : les Blondes sont assez rares parmi les Bretonnes qui presque toutes ont les yeux vifs des méridionaux ; mais au lieu d'offrir la taille élevée et les lignes serpentines de l'Italie

ou de l'Espagne, elles sont généralement petites, ramassées, bien prises, fermes, hormis les exceptions de la classe élevée, qui se croise par ses alliances aristocratiques. »

Honoré de Balzac, *Béatrix ou les amours forcés (Scènes de la vie privée)* publiée en 1839. On a l'habitude de dire que dans ce roman qui se passe à Guérande, Balzac a réalisé le plus beau portrait féminin de sa *Comédie humaine* avec le personnage de Félicité des Touches (inspirée de George Sand). « *Le seul grand livre de Balzac que battent d'un bout à l'autre les vagues* », écrira Julien Gracq.

« Chez les Bretons, la région occipitale a peu de saillie: voilà pourquoi les passions érotiques les asservissent moins à leur empire que dans les autres contrées. »

Le naturaliste et botaniste Jean-Marie Bachelot de la Pylaie, né à Fougères, a parcouru le Finistère en 1843, mais aussi l'Amérique et l'Afrique.

« La Rennaise, c'est une ménagère, toujours en déshabillé, qui ne veut point s'embellir par la parure... »

Elle est sans doute plus avenante que le Bossu, célèbre personnage de Paul Féval, l'auteur rennais de cette remarque dans cet autre ouvrage *Bouche de Fer* (1862).

« Elles se mettraient l'une après l'autre entièrement nues et les garçons les examineraient sur toutes les coutures pour comparer leurs charmes. Celle qui commencerait recevait en présent une bague de diamant. Manette s'avança. Elles étaient venues, dit-elle, pour rencontrer leurs galants et s'amuser avec eux. Comme ils s'étaient dévêtus, elle n'irait pas jouer les rabat-joie. D'ailleurs, elle n'avait pas honte de leur montrer toute son anatomie, sûre et certaine qu'elle était d'avoir d'aussi jolies jambes et un con aussi onctueux que n'importe quelle fille de Bretagne. »

La Bretonne Manette, l'héroïne de *La Rose d'Amour* voit ses aventures et galipettes racontées par le menu, en mars 1880, dans le journal londonien *The Pearl,* revue *underground* de feuilletons érotiques. Un siècle plus tard, en 1984, il est traduit par Pascale Aubignan, mais expurgé, dans son édition de poche *J'ai Lu.*

« Les costumes des prostituées sont aussi une cause d'erreur. Dans les faubourgs et les arrondissements populeux du centre, les femmes de débauche racolent en cheveux ; à la barrière du Maine elles portent la tenue des ouvrières du quartier et fréquentent les mêmes établissements que celles-ci ; à Grenelle, leur costume est le même que celui des domestiques de maisons bourgoises. Quelques-unes vont jusqu'à adopter les costumes d'Alsaciennes, Bretonnes et autres. »

Gustave Macé, ancien de la police des mœurs et ex-patron de la Sûreté décrit les méandres de la prostitution parisienne dans *Le Service de la Sûreté* (G. Charpentier & Cie, éditeurs, 1885).

« Si les hommes de race celtique étaient les musiciens, les comédiens, les jongleurs, les maîtres des cérémonies, les cuisiniers, les prêtres des peuples supérieurs germaniques, leurs femmes en étaient les courtisanes et les maîtresses. Depuis que la France, avec Louis XIV, était devenue la première puissance en

Europe et donnait le ton pour les mœurs et pour la mode, cette partie du monde était sous la domination de la femme. Or, la femme qui, à Paris, réglait l'usage et les manières distinguées, n'était pas la ménagère franque, mais une fille celtique ; ce n'était pas la reine de France, d'origine germanique, mais la maîtresse celtique du roi. »

C'est un Allemand, Heinrich Diesmans, fervent nietzschéen et théoricien des races qui écrit ces mots, en 1899, sur la nature féminine des Celtes, de race inférieure, qui a abâtardi la puissance des Francs (et des Germains). Ce passage de l'*Histoire de la civilisation expliquée par les instincts de race (Kulturgeschischte der Rasseninstinkt)* s'applique aussi bien à la Bretagne qu'à l'Irlande et fait écho à Bismarck qui jugeait les Celtes « féminins ».

« Si le cheval et la femme d'un Léonard tombent malades en même temps, il a recours au maréchal et laisse opérer la nature sur sa moitié qui souffre sans se plaindre. »

A. Mahé de la Bourdonnais, *Voyage en basse Bretagne,* en 1892. Citation affichée sur l'un des murs du musée du Léon à Lesneven.

« C'est la coutume en Bretagne,
À la fête du Grand Pardon,
Les filles montent au mât d' cocagne
Décrocher les saucissons…
Ils ont des chapeaux ronds,
Vive la Bretagne !
Ils ont des chapeaux ronds,
Vivent les Bretons ! »

Chanson paillarde avec des variations enfantines, (1900). Point n'est besoin de relire les *Trois essais de la théorie de la sexualité* de Sigmund Freud, qui paraît à cette époque-là, pour comprendre les sous-entendus de cette comptine.

« Il est connu que la Bretagne, pays pauvre et à natalité très forte, envoie des émigrants dans toute la France ; il paraîtrait qu'un peu partout on trouve des Bretonnes dans les maisons closes. Mais l'interrogatoire de nombreuses femmes nous a appris

que beaucoup ne quittaient pas la Bretagne ; elles voyagent dans un triangle dont les sommets sont Brest, Nantes et Saint-Malo. »

Maurice-Auguste-Pierre Jauneau, *Étude sur la morbidité vénérienne et les résultats de la réglementation prostitutionnelle à Brest, (Thèse pour le doctorat en médecine, présentée et soutenue publiquement le 23 janvier 1903).*

« Les maîtres ne nous témoignent aucune cordialité et nous considèrent comme des esclaves. »

Déclaration d'une bonne dans le mensuel *La Paroisse bretonne,* septembre 1904. Ce témoignage affligeant est cité dans l'article de Ronan Le Coadic, « *les Bretons, des nègres blancs ?* » (*Bretagne, négritude, créolités, Regards croisés*, PUR, 2012) qui aborde la question du « racisme antibreton », en usant de certaines des citations présentes ici, et en comparant notamment avec la situation des Irlandais.

« C'est le sentiment individualiste, plus développé chez le Celte, qui empêche toute action en commun. Ensuite le sardinier est le plus imprévoyant des hommes. Jamais il n'économisera pour assurer son lendemain. Toute la famille du sardinier partage son insouciance. Les femmes qui, d'avril à octobre, travaillent dans les usines, ne cherchent pas d'autre occupation pour le reste de l'année. Nulle fille de Douarnenez n'ira se placer comme… servante ! »

L'imprévoyant, ne serait-ce pas l'auteur de cet article du mensuel parisien *Lecture pour tous* en 1903 ? Car une fois passée la guerre, en 1924, la grève des *Penn-Sardin,* les sardinières de Douarnenez va connaître un retentissement considérable, et souligner la grande solidarité – loin du soit-disant individualisme celte – à l'égard des grévistes. L'une d'elles, Joséphine Pencalet, sera même élue conseillère municipale, alors que le droit de vote pour les femmes n'existe pas encore…

« Je préviens Messieurs les cultivateurs que, courant janvier, j'irai chercher quelques wagons de domestiques en Bretagne. Ils seront débarqués sur la place de la gare de Longuyon, où chacun pourra choisir le sujet qui lui plaira le mieux. »

Publicité dans *Le Courrier de Briey,* 1909.

« Les filles de Camaret
Se disent toutes vierges, (bis)
Mais quand elles sont dans mon lit,
Elles préfèrent tenir mon vit
Qu'un cierge. »

Strophe de la chanson de corps de garde : *Les Filles de Camaret.*

« On la reconnaît à son costume breton, à sa face joufflue qui semble faite pour recevoir des gifles et à cette expression perpétuellement hébétée. »

Le peintre Jordic, qui a créé un clone de Bécassine, la décrit ainsi dans son livre *Marie aux sabots de bois* (1911).

« Un autre jour, à Brest, comme nous traversions Recouvrance dans l'agitation pittoresque d'un retour d'escadre, nous entendîmes des dames de la ville murmurer :
- Sauvons-nous ! Voilà les Filles de la pluie !
Deux Ouessantines passaient, longues et noires sous la sévérité de leur châle de velours, farouches comme des oiseaux solitaires de l'Océan. »

André Savignon, *Les Filles de la pluie (scènes de la vie ouessantine),* Bernard Grasset 1912.

« Celle-ci était une recrue levée à Shanghai – mais blanche - une petite Bretonne de dix-neuf ans, la nurse-gouvernante des enfants d'un fonctionnaire de notre concession. Elle avait dû rencontrer Honorat au cinéma… Une balade dans la longue auto, et elle n'ignora plus rien, cette Paimpolaise, des tatouages du Roi de la Traite. Mais il ne la promenait pas pour son plaisir… Il le lui expliqua, et elle fut docile - comme presque toutes. Sans violence, sans prévenir non plus le père des gosses, elle se confia à Nono-le-Tatoué. Il la mit en pension dès le second jour dans une maison de la rue du Roi-Albert - une maison de prostitution tout à fait chinoise. »

Les petites Paimpolaises n'étaient pas les seules Bretonnes à être « shanghaïées » et à se retrouver dans des bordels ou des fumeries d'opium dans la concession française à Changhaï (Shanghai), à Hong-Kong ou à Saïgon. Il en venait de toute la Bretagne, souvent talonnées par les Corses, comme le rapporte le journaliste

Henry Champly dans *Le Chemin de Changhaï (La Traite des Blanches en Asie*, éditions Jules Tallandier, 1923). Un détail qui a son importance : « Nono-le-Tatoué » n'a pas de rapport avec notre illustrateur préféré. Du moins le pensons-nous...

« Les prostituées bretonnes sont de toutes les plus soumises à leurs souteneurs. Elles se sentent étrangères, livrées à qui les protège. »

L'inspecteur-principal Piguet de la police des mœurs de Paris, en 1937 cité par Morvan Lebesque qui évoque les troubles psychiques des bonnes et prostituées bretonnes se retrouvant asservies et à servir hors de leur pays (*Comment peut-on être breton ?).*

« Les deux fines Bretonnes étaient malicieuses comme des pages et l'habitude d'une clientèle joyeuse et diserte leur avait délié la langue. Elles ne manquaient jamais de répartie et se déplaçaient fort à l'aise parmi ces messieurs. »

Pierre Mac Orlan, *l'Ancre de miséricorde,* 1941. Notons qu'au moment où sort ce livre, Mac Orlan tient un feuilleton littéraire dans le journal de la collaboration *Les Temps Nouveaux,* dirigé par Jean Luchaire (fusillé en 1946). À partir de 1943, il écrira pour *Combats*, le journal de la Milice.

« C'était un beau petit gars tatoué. Il était très fier d'avoir changé les directives de sa famille, de les avoir lancées dans une nouvelle profession, car les romanichelles ne sont pas du tout pour le tapin. Elles ont le génie de l'escroquerie, comme les Corses ont le génie du banditisme, et les Bretonnes le génie de la prostitution. »

Fernand Trignol, *Pantruche ou les mémoires d'un truand,* Éditions Fournier, 1946.

« Marie-Jannick était arrivée de sa Bretagne six mois auparavant pour se placer, en qualité de bonne à tout faire, chez un conseiller municipal socialiste et athée. N'ayant pu supporter de servir des gens sans Dieu, elle gagnait courageusement sa vie sur le boulevard de Clichy. »

Dans son roman *le Vin de Paris* (1947), Marcel Aymé décrit la trajectoire qui semble habituelle pour une petite Bretonne, d'abord bonniche puis belle-de-nuit. Ou vice versa.

LA DISTRIBUTION PARISIENNE DE FILMS présente :
MAX DEARLY
et
PAULETTE DUBOST
dans
BÉCASSINE
Mise en scène de PIERRE CARON sur un scénario de RENÉ PUJOL
d'après les célèbres Albums de "BÉCASSINE" Texte de CAUMERY, illustrés par J.B. PINCHON (Éditions GAUTHIER-LANGUERON)
AVEC
NITA RAYA et ALICE TISSOT et ANNIE FRANCE
AVEC
DANIEL CLERICE . ROGER LEGRIS . JOSÉ SERGY . RENÉ NAVARRE
AVEC
MARCEL VALLÉE et MARGUERITE DEVAL
DPF

« Bretonne (bonne) : Toujours d'une famille de neuf enfants. À une sœur également placée à Paris. On n'en trouve plus. »

Le romancier humoriste Pierre Daninos dans *Le Jacassin*, 1962.

« Nous, jusqu'à présent, nous avions la Bretagne qui suffisait à nous fournir en putes et en bonnes. Mais voilà-t-il pas que même les Bretonnes ne veulent plus être bonnes. »

Jean Cau, écrivain et ancien secrétaire de Jean-Paul Sartre dans *France-Observateur*, 1963 (l'ancêtre du *Nouvel Observateur*).

« Raoul Volfoni : ***Tu sais pas ce qu'il me rappelle ? C't'espèce de drôlerie qu'on buvait dans une petite tôle de Bien Hoa, pas tellement loin de Saïgon : "Les volets rouges" et la taulière, une blonde comac… Comme qu'elle s'appelait, nom de Dieu ?***
Monsieur Fernand : ***Lulu la Nantaise !***
Volfoni : ***T'as connu ? »***

Dialogues de Michel Audiard, du film de Georges Lautner *Les Tontons flingeurs* (1963) dans une scène jouée par Jean Lefevre et Lino Ventura.

« Viens Marie la Bretonne,
Tu vas nous gagner des gros sous,
Viens Marie la Bretonne
Tu vas nous jouer du biniou. »

Le chansonnier fantaisiste Sim, Rennais d'origine, chante ce couplet à l'émission « Paris-Club » de l'ORTF, le 24 octobre 1967, déguisé en Bécassine, avec un rouleau de papier hygiénique en guise de coiffe bigouden sur la tête, avec quatre maquereaux du Milieu accueillant une « petite bonne bretonne » qui débarque gare Montparnasse. Elle suscitera la réaction suivante : ***« Mercredi, ce fut autre chose. Dans l'émission la plus populaire et la plus familiale de midi, un fantaisiste est venu, un rouleau de papier hygiénique sur la tête en guise de coiffure, inviter les jeunes Bretonnes débarquant à la gare Montparnasse à Paris à fréquenter les trottoirs parisiens. »***

Ex-avocat, scénariste de films et journaliste, Guillaume Hanoteau, réagit dans *Télé 7 jours*, (N° 397) en ce mois d'octobre 1967 où la télévision en couleur fait officiellement son entrée dans les foyers, ainsi que les enquêtes du commissaire Maigret.

« Aujourd'hui elle [Bécassine] a retrouvé sa bouche. Maintenant elle dit merde à la marquise, en attendant de lui servir des grenades en guise d'artichauts. »

Bretagne révolutionnaire (*Breizh ha Dispac'h)* du 1er avril 1969, le premier numéro du journal du Parti communiste breton détourne l'image de Bécassine qui se révolte contre la marquise du Grand-Air (cela aurait pu être la marquise de Sévigné).

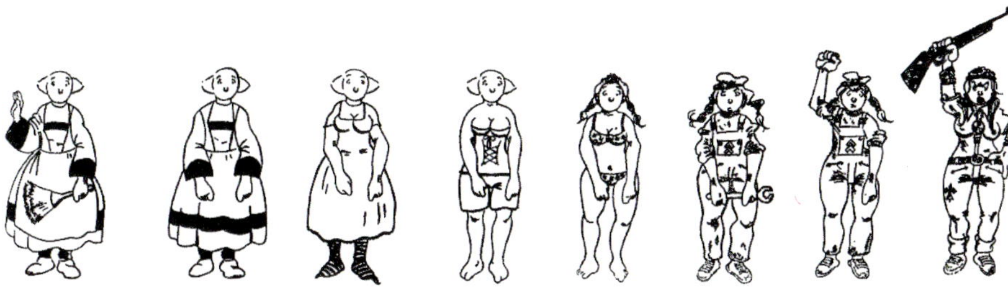

(D.R.)

« Un champ de blé prenait racine
Sous la coiffe de Bécassine,
Ceux qui cherchaient la toison d'or
Ailleurs avaient bigrement tort.
(...)
C'est une espèce de robin,
N'ayant pas l'ombre d'un lopin,
Qu'elle laissa pendre, vainqueur,
Au bout de ses accroche-coeurs.
(...)
À sa bouche, deux belles guignes,
Deux cerises tout à fait dignes,
Tout à fait dignes du panier
De madame de Sévigné. »

Comme à son habitude, Georges Brassens prend les idées reçues et les tord dans l'autre sens. Avec lui, en 1969, Bécassine devient une déesse pastorale de l'amour et son amoureux « robin » fait allusion au copain anarchiste et breton du chanteur moustachu à qui *Bécassine* est dédié : Armand Robin mort mystérieusement dans un commissariat de police, huit ans plus tôt.

« Mais, dans l'obscurité de la salle de bains, si j'avais manqué de perdre l'équilibre, ce n'est pas que j'aie été éblouie par sa coiffe de dentelle: de "Bigouden" elle n'en portait point... à moins qu'elle ne se soit transformée en cette sorte de nuisette ne laissant presque rien ignorer de ses seins qui étaient opulents, et rien de sa croupe qui l'était tout autant. Aussi étonnant que cela puisse paraître, elle ne manquait pas de majesté, notre Philippine, dans ce simple et extravagant appareil... Je doute fort qu'elle ait eu alors l'approbation du recteur, mais visiblement, elle avait eu celle de mon père qui n'avait pas pu retenir un sifflement d'admiration. »

Pierre Lachant, dans le roman *Le Couvent des oiseaux,* (collection Orties blanches, Éditions Euridif 1979).

« Une radeuse de Saint-Malo qui vivait de son prose en l'exposant dans les vitrines d'Amsterdam ».

Jean Vautrin dans *Bloody Mary,* Mazarine, 1979. (Signalons que *prose* signifie postérieur en argot français).

« Bécassine c'est ma cousine
Bécassine on est voisine
Quand je m'en vais voir ma grand-mère
qui habite au bord de la mer
Je retrouve ma Bécassine
Qui m'emmène au bout de la terre
Bécassine c'est ma cousine
Bécassine et la cousine Marie qui louchent m'amusent beaucoup
Ensemble ont fait les quatre cents coups Bécassine tu nous rends fous. »

La chanteuse Chantal Goya, spécialiste des spectacles pour les enfants, en 1979, sur les paroles de son compagnon Jean-Jacques Debout.

« En Bretagne où le celtisme toléra aussi les anciennes religions féministes, ces femmes blanches se nommaient Korriganazed *(les Korrigans, génies de la nature invisible, gnomes et fées). Elles vivaient dans des grottes marines ou en chambres mégalithiques, à l'écart des villages, sur le territoire actuel de l'Ille-et-Vilaine et des Côtes-du-Nord. »*

Jean-Louis Bernard, *La Femme dans les sociétés secrètes,* (Henri Veyrier, 1985).

« Toutes les rues défilent… les rues chaudes, bien entendu… Pen Ar Stang *à Quimper, le* Domino Double *rue des Cabotains au Havre. Mme Régina reçoit les michetons à* La Tour de Nesle *à Rennes… On chuchote qu'elle est la maîtresse du commissaire de police, ce qui lui permet beaucoup plus de tranquillité d'esprit, n'est-ce-pas… »*

Alphonse Boudard, (*La Fermeture,* 1986, Albin-Michel), raconte avec nostalgie la fin des maisons closes en 1946. Il n'oublie pas *le Moulin rouge* à Lorient et d'autres adresses qui, selon lui, sont dignes des romans de Pierre MacOrlan. Les tenanciers et les mères maquerelles sont ses amis, mais les Bretonnes de « petite vertu » sont, comme dans tous ces récits, des « femmes invisibles ».

« J'ai lu et relu les albums de Bécassine jusqu'à l'usure. Je me souviens surtout des costumes, de la mode, des décors, et je peux dire que Madame de Grand-Air, son salon en tout cas, a inspiré la décoration de mon bureau chez moi. Je pense que les résurgences inconscientes de ces images sont partout dans mon travail. »

Le styliste Christian Lacroix, interview dans *Présent,* journal quotidien du Front national, du 27 octobre 1993. Notons que le journal du FN publiait un dossier sur Bécassine, posant la question à une dizaine de personnalités, comme son rival Karl Lagerfeld.

« C'est ma bande dessinée favorite. Dans ma maison de campagne, j'ai fait découper 120 volumes de Bécassine pour tapisser les murs de l'escalier qui mène aux chambres des enfants et des invités. »

Karl Lagerfeld, interview dans *Présent*, journal du Front national, du 27 octobre 1993.

« Et de Quimper jusqu'à Concarneau,
on voit passer des femmes promenant
des porcs dans des landaus
pendant que leurs marins de maris se soulagent dans les flots
et refusent de signer le protocole de Kyoto. »

Le 5 février 2006, durant l'émission *les Grosses têtes*, sur RTL, le fantaisiste Jackie Berroyer interprète cette chanson de son nouveau spectacle dont trois strophes sont citées dans notre anthologie. Il faut dire qu'elle reprend à son compte tous les poncifs antibretons.

« Mais bon, trousser Bécassine, trousser l'employée, la bonniche, c'est la vie depuis que les bonniches existent, dirait le bourgeois... Mais voilà que le bourgeois, l'ayant tellement troussée, vole au secours de Bécassine ! Et donc se pose à la gauche la question de la honte : honte à la gauche qui défend son candidat à la présidentielle, et ne parle pas de la présumée victime (à deux ou trois exceptions près, des femmes d'ailleurs). »

Bernard Maris, dans *Charlie-Hebdo* du 25 mai 2011. Pour tancer Dominique Strauss-Kahn, dans son article «*la Droite au secours des pauvres*», il n'a rien trouvé de mieux que de comparer la femme de ménage guinéenne Nafissatou Diallo que DSK est accusé d'avoir violée, à Bécassine...

N° 35 (Quarante et unième année.) 102, rue de Richelieu, 102. Prix : 10 centimes.
5e SÉRIE.

PETIT JOURNAL POUR RIRE

[Ma]ison Paul PHILIPON et Cie

Le Directeur-Gérant
PAUL PHILIPON

AUX BUREAUX DU
JOURNAL AMUSANT
On ne s'abonne pas pour moins d'une année. — Tout abonnement part du 1er de chaque mois.
(Parait le samedi ... semaine.)

ABONNEMENTS.
Paris, Seine et Seine-et-Oise. 6 fr.
Départements. . . . . . 8 fr.
Europe et union postale. 9 fr.

VACANCES PARLEMENTAIRES — par DRANER.

N° 2030 35e P. J.

— Finissez, m'sieu, ou j'appelle madame ! Quand je pense qu'un homme comme vous représente le pays, vrai... vous me dégoûtez !

Sapristi ! Faut il être Breton pour aimer cet instrument là ! (Un touriste nerveux)

Chapitre VI

Grand-mère souffle dans son biniou

« Grand-mère souffle dans son biniou », strophe d'une chanson, elles sont nombreuses, qui ridiculise les Bretons dans les années 1930. Les cornemuses, les costumes, coiffes et chapeaux ronds sont des emblèmes auxquels s'attache la critique. Des pardons aux fêtes de la nuit, les *festoù-noz*, mariages et kermesses où l'on danse et où l'on boit, où l'on chante et où l'on conte fleurette. Ce chapitre s'attache à ces coutumes et costumes traditionnels, aux fêtes, danses et musiques au son de la cornemuse. Où l'on retrouve, au passage, nos « chapeaux ronds ». Naguère on critiquait ces Bretons pour le ridicule de leurs danses, des *bagadoù*, des fêtes et noces. Aujourd'hui qu'ils organisent même des *festoù-noz* numériques sur l'internet, on fustige leur passéisme et leur communautarisme.

Les chiens aboient, la caravane passe… Les grands rassemblements celtiques et interceltiques ont de plus en plus de succès. Ce qui agace plus que jamais certains commentateurs. Au point qu'un animateur de télévision n'hésite pas à suggérer qu'il faut « *brûler les stocks de disques de Nolwenn* » (Leroy)…

« Cornemuses ! »

Insulte proférée par le capitaine Archibald Haddock dans l'aventure de Tintin : *le Secret de la Licorne* (1942).

« MARIETTE : *Et puis, le soir, après notre dîner, nous danserons.*
PIERRE : *La nigousse de Saint-Brieuc… Il y a un mois que je ne l'ai vu danser… Oh ! La nigousse !*
MARIETTE : *C'est encore vous qui me l'avez apprise. C'est drôle ! Vous m'avez tout appris.* »

Scène de la comédie-vaudeville en un acte de M. Biéville, intitulée *Le Phare de Bréhat* qui se déroule… dans le phare de l'île de Bréhat ! (Jouée pour la première fois au Gymnase dramatique à Paris, le 6 mars 1847). Rappelons que l'expression populaire *nigousse* qui désigne les Bretons, vus de Paris, provient de la chanson *An hini goz* (« la Vieille », en breton).

« En ce pays, la première chose qu'ils font (les hommes) est de délier leurs chausses ; ceux qui ne le font pas sont habillés d'une étrange façon. La mode de boutonner le justaucorps par en bas n'y était pas encore établie ; l'économie est grande sur l'étoffe des choses, de sorte que tout est dans la dernière négligence. »

La marquise de Sévigné, dans le livre de Léon de Brière, *Madame de Sévigné en Bretagne*, Hachette, 1882.

« Hardi !.. Dansez, bas Bretons ! Sautez plutôt, sautez lourdement sans ce délire de la valse allemande, sans cette inspiration joyeuse des peuples musiciens ; car vous êtes encore et vous serez longtemps les Armoricains de César, peuple brave et engourdi, rebellé aux douceurs sociales, triste même dans ses fêtes, lugubre aussi dans ses chants. Voilà cette grande chaîne qui serpente : les cris aigus de la bombarde, les monotones beuglements du bignou (sic), marquent la mesure du bal, où vous croiriez de loin entendre le travail régulier d'une machine à foulon ; la jeune fille y pèse d'un bruit aussi massif que le laboureur saboté qui lui tend. »

Augusta Kernock, *La Revue de Paris*, Tome 45, 1832. De son vrai nom Auguste Romieu, ancien sous-préfet de Quimperlé qui sous ce nom de plume publie son roman *le Mousse* dans lequel il écrit encore : *« Jamais vous ne verrez un bas breton témoigner par un geste ou un mot l'étonnement, le plaisir ou la crainte que peut lui inspirer l'arrivée d'un hôte. »*

« À sa grande coiffe blanche et raidie, pendante sur le devant de ses épaules, à sa face hâve et cadavéreuse, vous l'eussiez prise pour une momie de l'ancienne Égypte ; ce type sombre de la femme bretonne s'avança lentement, sans témoigner aucune émotion. »

Toujours d'Auguste Romieu, sous-préfet de Quimperlé sous le nom de plume d'Augusta Kernock, *La Revue de Paris*, Tome 45, 1832.

N° 131.

3 Octobre 1903.

L'Assiette au Beurre

LE PEUPLE NOIR

Dessins de TORENT

LA BRETAGNE

Texte et légende

LAURENT TAIL

Torent

Grèves d'Armor, flots bleus! ô rochers! ô falaise
Que hantent les marsouins avec le cormoran,
Vous nourrissez un autre monstre dévorant,

« Les sous-commissaires ayant une faveur tricolore au bras auront seuls le droit de conduire les danses. La dérobée est formellement interdite. Une mise décente est de rigueur et l'on ne pourra danser en blouse. »

Le Journal de l'arrondissement de Loudéac, 5 juin 1862. (cité par Morgan Faligot, *La Danse bretonne, entre tradition et formes nouvelles,* Master UBO, 2010). Notons que la dérobée a été rapportée d'Italie par les soldats bretons des troupes de Bonaparte et s'est surtout développée à Guingamp dans le Trégor et autour de la baie de Morlaix.

« La chaîne sera permise, mais la dérobée expressément défendue. Toute personne ivre qui se présenterait à la danse, en serait immédiatement exclue. Les commissaires seuls auront le droit de conduire la danse, ils porteront comme marque distinctive, un nœud de ruban au bras. »

Le Journal de l'arrondissement de Loudéac, 26 juin 1862. Comme la notice précédente, il est question, notamment sous l'influence de l'Église d'éviter les échanges de danseurs, notamment filles et garçons non mariés.

« Les filles, grandes, belles, fraîches, ont la poitrine écrasée dans un gilet de drap qui forme cuirasse, les étreint, ne laisse même pas deviner leur gorge puissante et martyrisée. Elles sont coiffées d'une étrange façon. Sur les tempes, deux plaques brodées en couleur encadrent le visage, serrent les cheveux, qui tombent derrière la tête puis remontent se tasser au sommet du crâne, sous un singulier bonnet tissé d'or et d'argent. »

Guy de Maupassant, *En Bretagne* dans la *Nouvelle Revue,* 1er janvier 1884.

« Dans les villes, quoique la langue persiste, le caractère s'efface, le costume national devient plus rare (…). L'habitant de la ville voit s'arrêter tous les soirs la diligence au bureau des messageries, il en retire bien quelque nouvelle (…). Petit à petit ainsi, il se désenbretonne *et arrive à s'écarter du paysan qu'il méprise de plus en plus et qui s'éloigne de lui davantage, à mesure qu'ils se comprennent moins. »*

Gustave Flaubert voyage en Bretagne avec Maxime du Camp en 1847. En 1886, il publie *Par les champs et les grèves.*

« Il se trouve qu'aujourd'hui, en 1867, les modes de Bretagne ont envahi le monde parisien ; on rencontre actuellement dans la vieille Lutèce plus de Bretons qu'en Bretagne. »

Maxime Vauvert, journaliste du *Monde illustré*, évoque la présence des Bretons en costume à l'occasion de l'Exposition universelle de 1867, où ils ont leurs stands du côté des Champs-Élysées, tout comme les Japonais ou les Africains. Il faudra attendre la manifestation *Breizh Touch*, en 2007, pour retrouver telle présence colorée.

« Ces costumes qui étonnent sont fidèles : ils viennent en droite ligne des heureuses provinces où l'histoire place tant de luttes gigantesques, et où le roman se plaît beaucoup trop à former des légions de sauvages. La Bretagne a ses élégances comme elle a ses sombres physionomies ; le peuple y est tel qu'on le trouve partout, froid, calme, sévère à ses heures, joyeux, aimable et galant quand viennent les jours de gaieté. Viennent-ils souvent ces jours-là, si rares dans la vie ? Oui, pour peu qu'on laisse à la Bretagne sa liberté. »

Ernest Dreolle, rédacteur du *Journal de l'Exposition universelle* de 1867 s'oppose aux moqueries de bien des journalistes dans la presse parisienne à propos des Bretons en chapeaux ronds et *bragoù-braz* (cité par Ronan Dantec et James Éveillard dans *Les Bretons dans la presse populaire illustrée,* éditions Ouest-France, 2001).

« Imaginez-vous toutes les roues mal graissées de France et toutes les poulies de la flotte en train de grincer, ou bien encore, au mois de mars trente à quarante mille matous surexcités par les effluves printanières chantant en chœur une ballade à la lune, vous aurez à peu près l'idée de ce monumental charivari. »

Ainsi le journal *L'Illustration* décrit-il le concours des cornemuses à Brest en 1895.

« Dans tous les coins de Bretagne,
Dans les fêtes et les pardons,
Tous les gars de la campagne
Fredonnent cette chanson :
Ils ont des chapeaux ronds,
Vive la Bretagne !
Ils ont des chapeaux ronds,
Vivent les Bretons ! »

Encore une strophe de cette chanson qui apparaît au début du XXe siècle qui a donné son titre à ce livre.

Deuxième chanson encore plus paillarde :

« Il avait un p' tit chapeau rond
Elle une belle coiffe blanche
Pour n' pas l'user, le gai luron
Ne le mettait que le dimanche
Ah ! C'était un couple parfait
Le beau gars était plein d'astuce
Elle, bien en chair, lui f' sait d' l'effet
Mais fallait aussi qu'elle l'adore encor

Fernandel a été autant chansonnier que vedette de cinéma. Il enregistre cette chanson (sur des paroles de J. Manse et F. Heintz) en 1933. En 1968, en pleine « Révolution sexuelle », cette chanson a été reproduite sur un album vinyl, avec la mention « Interdit aux moins de 18 ans » !

Il était né à Plabennec
Elle, c'était une Paimpolaise
Il s'appelait Yves Quillasec
Elle Maryvonne Troualaire
Quand ils jouaient de leurs instruments
Tous les danseurs étaient en branle
Pour lui, le seul inconvénient
C'est qu'il fallait toujours qu'il s'coue
l'biniou

Refrain :
Il avait un gentil biniou
Elle une belle cornemuse
Elle soufflait si je n' m'abuse
Pendant que lui bouchait les trous

Troisième chanson dans la même veine :

La grand-mère souffle dans son biniou
Le grand-père siffle un coup d'cidre doux
Les mariés s'approchent joue contre joue, ouh !
Et bientôt vont se mélanger les genoux

An anni gouz-é-o- sur
An anni gouz-ar-ch'ant !
(Parlé :) «Oh, ma jolie Maryvonne
J'ai les tibias qui frissonnent »

Sur la route de Penzac, une noce bretonne vue par le chansonnier Georgius qui l'a créée en 1937, chantée ensuite par Fernandel, et reprise par les Charlots en 1970. Georgius avait écrit avant *La Gigouillette* (1934), chanson polissonne et prétendument « bretonne ».

« Elle se dégela un peu quand il lui demanda si elle aimait sa Bretagne, elle lui décrivit les différentes sortes de coiffes bretonnes et même elle chanta d'une voix douce et fausse une chanson de Rosporden. Lucien la taquina gentiment, mais elle ne comprenait pas la plaisanterie. »

Jean-Paul Sartre dans son roman *Le Mur,* 1939.

« La rue de Siam déroulait des spectacles où le costume des femmes émerveillait les touristes. Tout cela a disparu. Les filles médiévales de Plougastel, celles du sévère pays du Léon, et les désespérées d'Ouessant portent des pull-overs. »

Pierre Dumarchey, alias Pierre Mac Orlan, redécouvre Brest après la guerre. S'exprime ainsi un personnage de son recueil *Filles et ports d'Europe* (1950), dans lequel le père Barbançon, installé dans une boutique de *shipchandler* du port de commerce, espionne pour les Allemands.

« Ils ont des casques ailés
Vive les Celtes ! »

Parodie de la chanson *Ils ont des chapeaux ronds*, chantée par le barde Assurancetourix dans l'album *Astérix le gladiateur* (d'abord publié dans le journal *Pilote* en 1961), sixième épisode des aventures du célèbre Gaulois réalisées par Uderzo et Goscinny qui ont situé le petit village qui résiste aux invasions romaines dans les Côtes d'Armor.

« Diffuser Glenmor sur les ondes nationales est une position politique condamnée par la constitution. »

Directive du ministre de l'information en 1970, cité par Fañch Bernard, guitariste du chanteur Glenmor, dans *Le Monde* du 21 juin 1996 à l'occasion de la disparition de ce dernier (nécrologie de Stéphane Davet : *Glenmor, Une figure majeure de la culture bretonne*).

« Tu es là pour souffler dans ton biniou, pas pour picoler ! »

Marc Villard, *Cœur sombre,* Rivages-Noir, 1997.

« L'album "Bretonne" de Nolwenn Leroy, 12 titres traditionnels celtiques à en dégueuler son chouchen et son kouign amann vite fait (...). Il vous reste d'ailleurs une option, qui est de brûler le stock de disques de Nolwenn. »

Ariel Wizman, dans l'émission de télévision *Ce qui est Ariel* de Canal+ (le 8 décembre 2010), évoquant les disques qu'on peut offrir en cadeau pour Noël, cite l'album de la chanteuse avec un extrait de *La Jument de Michao.* Pas gêné que sa boutade puisse faire penser à une époque où l'on brûlait des stocks de livres, Wizman se fait rabrouer gentiment par l'un des intervenants sur le plateau, Bruce Toussaint : *« Je vais vous dire une chose, se moquer des Bretons est une mauvaise idée. »*

« Nolwenn Leroy, droite dans ses sabots, s'enivre de cadastre, d'ancrage et de toponymie : « Qui voit Ouessant voit son sang ». Gâtisme hors sol contre saga britannica. Quand elle n'inhale pas avec extase « l'odeur de bouse mouillée », cette Finistérienne au nom si peu républicain oppose une fin de non-recevoir à l'expérience jacobine : « Je ne serai jamais ta Parisienne », chante Leroy sur des paroles de Miossec. Paradoxalement, à la radio, quand elle chante « Ur plac'h yaouank am eus kavet... » avec son breton digne de Shakira (« Suite sudarmoricaine »), elle s'inscrit dans le quota de chansons d'expression française. »

Fabrice Pliskin dans *Le Nouvel Observateur,* 10 mars 2011. Dans le numéro suivant est publié un droit de réponse de Nolwenn Leroy qui débute ainsi : « *Loin de se limiter à la critique, ce que tout journaliste est en droit de faire, l'auteur de cette page établit insidieusement une corrélation entre le succès de cet album et la montée dans les sondages du Front national. Il m'est imputé d'avoir opportunément pris le parti du régionalisme au moment où la majorité des Français redoutent la mondialisation.* »

Faut boire du cidre, pas trop n'en faut !

CHAPITRE VII

« Toute la Bretagne était ivre ! »

« Toute la Bretagne était ivre ! », la marquise de Sévigné n'est pas la seule à constater qu'on boit beaucoup de cidre et de vin chez les Armoricains.

Reste à savoir si c'est un trait distinctif des seuls Bretons. Et sinon, pourquoi au fil des siècles, chroniqueurs, chansonniers, écrivains de renom comme auteurs de romans de gare ne peuvent s'empêcher, dès qu'ils campent un Breton, d'en faire un ivrogne, et de présenter le bistrot comme lieu principal de la vie sociale.

Puisqu'il n'y a plus de vignobles – à l'exception du pays nantais – en Bretagne, et que l'on a préféré le cidre – et son alcool le *lambig* – pour accompagner crêpes et galettes (on aborde aussi ici la nourriture des Bretons).

Certaines citations font écho au cours du XXe siècle à deux vagues de réintroduction du vin par des événements extérieurs : en 1914, l'introduction massive du pinard pour mener les troupes au combat et, après 1944, avec l'importation à grande échelle de vins à bon marché – y compris ceux venus d'Algérie à bord des pinardiers – en Bretagne. À la fin du XXe siècle, c'est l'afflux massif des bières, qui touchent les plus jeunes générations. Comme le reconnaît Philippe Marlu dans son roman, *Les Vieilles charognes* (Coop Breizh, 2011) : *« L'excès de boisson a toujours été une tradition, en Bretagne, parmi les plus vivaces… »*

« Waroc'h dévasta les vignes des Nantais et cueillant la vendange, transporta le vin dans le pays vannetais. »

L'évêque Grégoire de Tours, VIe siècle de notre ère, décrit ainsi l'action du roi du Vannetais Waroc'h et nous rappelle au passage qu'il fut un temps où existaient des vignobles bien au-delà du pays du Gros Plant.

« L'hiver approche et la campagne,
mais surtout celle de Bretagne,
n'est point un aimable séjour
pour une dame de la Cour (…).
Mais à propos, sans vous choquer,
Peut-on vous demander, marquise,
Si quelque Breton, par surprise,
N'aurait point touché votre cœur ? (…)
Non, vous aimez les beaux esprits,
Vous n'aurez eu que du mépris
Pour ces buveurs à la rouge trogne ;
Un perclus vaut bien un ivrogne !
Laissons en repos les Bretons
Et revenons à nos moutons. »

Denis Sanguin de Saint-Pavin (1595-1670), prélat et poète, écrit à son amie la marquise de Sévigné, à qui il reproche de ne pas être rentrée à Paris, plus « aimable séjour » que la Bretagne et où l'on doit trouver moins de trognes d'ivrognes. Cité par Alain Boulaire dans «la Bretagne de Madame de Sévigné» (*Le Télégramme,* 29 janvier 2012).

« Il faut croire qu'il passe autant de vin dans le corps de nos Bretons que d'eau sous les ponts. »

La marquise de Sévigné, mai 1680, qui ne manque pas une occasion de fustiger l'ivrognerie des Bretons.

« Toute la Bretagne était ivre ce jour-là.
Nous avions dîné à part. Quarante gentilshommes avaient dîné en bas, et avaient bu chacun quarante santés ; celle du Roi avait été la première, et tous les verres cassés après l'avoir bue. Le prétexte était une joie et une reconnaissance extrême de cent mille écus que le Roi a donnés à la province sur le présent qu'on lui a fait, voulant récompenser la bonne grâce qu'on a eue à lui obéir. »

La réunion des États de Bretagne donne aussi l'occasion à la marquise de Sévigné de fustiger l'ivrognerie des seigneurs bretons.

« Quimper est la ville la plus débauchée de toutes celles que j'ai visitées. Chez la plupart des pauvres le jour du Seigneur sombre dans l'ivrognerie et la bagarre. »

Le pasteur gallois James Williams qui construit en 1843 le temple protestant de Quimper. (cité dans le DVD *Kan ar galon* de Mickael Baudu, 2011, Coop Breizh).

« Comme il n'y a jamais eu de cérémonie qui ne fût suivie d'un grand dîner, on se mit à table au sortir du baptême. Les goguenards de basse Bretagne dirent qu'il ne fallait pas baptiser son vin. Monsieur le prieur disait que le vin, selon Salomon, réjouit le cœur de l'homme. »

Chez Voltaire aussi on boit bien en basse Bretagne dans son roman *L'Ingénu,* en 1767. Mais son héros, le Huron, aime bien la Bretagne, où il combat les Anglais et tombe amoureux de mademoiselle de Kerkabon.

« Ce que je disais importait peu, mais il fallait boire pour établir ma réputation de Breton. »

Constatation de Jules Simon, Parisien d'une famille de Moselle, mais né à Lorient, se présentant à la députation du côté de Lannion, en 1845. Philosophe et politicien, il n'aura sans doute pas assez bu, car il échoue lors de cette élection. Par contre, il est élu à la Constituante, comme député des Côtes-du-Nord, en 1848. Entre-temps, il a pris de la bouteille en politique.

« Le sarrasin ou blé noir y forme la nourriture ordinaire; et il est encore heureux qu'on ait, il y a trois cents ans, apporté ce grain d'Afrique: car il pousse où le froment ne saurait venir. Les Bretons en font un pain noir, humide, indigeste; ils en font aussi des crêpes, des bouillies, des galettes; ils y joignent du lait, du beurre, des pommes de terre, parfois un peu de porc salé, bien rarement du bœuf: voilà toute leur nourriture; le cidre est leur boisson! Il y a, dans la basse Bretagne, des populations misérables, à peine vêtues et à peine logées, qui n'ont d'autre vaisselle que le trou creusé dans une table grossière. »

Eugène Manuel, dans son ouvrage maintes fois réédité *La France, livre de lecture pour toutes les écoles,* 1859. Ce poète et enseignant, républicain, s'est aussi lancé dans la politique. Outre la fondation de l'« Alliance israélite universelle », il fut, en 1870, le chef de cabinet de Jules Simon, ministre (voir ci-dessus). Ce qui laisse supposer que sa description de la boisson en Bretagne tient du vécu…

« Avec tous les égards qu'inspirait mon costume, on me servit les premières crêpes, que je dévorai, sans même m'apercevoir qu'elles étaient brûlantes à m'enlever le palais. Depuis, je me suis assis à des tables somptueuses; on m'a prodigué les vins les plus exquis, les mets les plus délicats et les plus recherchés; rien de tout cela ne m'a fait oublier les crêpes du paysan bas breton. »

Eugène-François Vidocq était un truand. Il s'est évadé du bagne de Brest. Déguisé en bourgeois, il a frappé à la porte de paysans du côté de Rennes. Celui qui deviendra un jour chef de la Sûreté et fondateur de la police judiciaire raconte ses pérégrinations dans ses *Mémoires,* publiés en 1859. La sympathie qu'il éprouve pour les Bretons est sans doute renforcée quand le père de famille l'invite à rester dormir avec ses deux filles à l'issue de cette dégustation de crêpes…

« Nulle part au monde (qu'en Bretagne) *on ne trouve plus de fidèles à suivre les offices religieux; nulle part on ne compte plus d'ivrognes de l'un ou l'autre sexe. »*

Armand du Chatellier, *Histoire de la Révolution en Bretagne,* 1832.

« Le cabaret avait un plancher de terre battue ; deux petits cochons y grouillaient ; on tirait le cidre mousseux à même le tonneau. Dans l'âtre, accroupie, était une petite Bretonne aux pommettes saillantes, aux cheveux mêlés, à la taille courte ; elle leva timidement sur moi ses grands yeux noirs. – T'as encore bu, Jean-François, dit-elle, en l'entourant de ses bras – méchant ! Et Pôder alors lui marmotta des paroles tout bas, et s'assit près d'elle. Moi, je buvais du cidre dans les bols de faïence peinte, en regardant les cochons et la mère Legras. »

Pôder, nouvelle de Marcel Schwob, publiée dans *L'Écho de Paris*, 8 mars 1889, et sept jours plus tard dans *le Phare de la Loire*.

« Ouvre le cabaret sur la noire venelle
Que jamais le soleil du printemps n'éclaira
Les mangeuses de crucifix au teint cannelle,
Pressentant qu'au départ, c'est le vieux qui paiera,
Mélangeant sans compter un grand bol de cidre à
La source qui jaillit de la vie éternelle »

L'Assiette au Beurre, en 1903, mélange comme à son habitude ivrognerie et bigoterie qui, de l'avis des rédacteurs anticléricaux, sont indissociables en Bretagne. D'où l'illustration sous laquelle figure cette strophe.

« Et plus Dorothée refusait et plus je m'entêtais dans mon idée car je suis Breton, moi, et le métier de bistrot n'est pas pour me déplaire. »

Blaise Cendrars, *Moravagine* en 1925 : précisons que c'est le narrateur du roman, un médecin-aventurier nommé Raymond-la-Science, qui parle.

« Les principaux défauts de la race bretonne sont la malpropreté, la superstition et l'ivrognerie. »

Henri Busson, *Manuel de géographie à l'usage des lycées*, 1929.

« Je ne sais pas... Un hasard... J'ai vu un grain de poudre blanche dans mon verre... L'odeur m'a paru bizarre...
— Auto-suggestion collective !, affirma le journaliste. Que je raconte ça demain dans mon canard et c'est la ruine de tous les bistrots du Finistère... »

Georges Simenon, *Le Chien jaune,* dont l'intrigue se déroule à Corcarneau.

« Ces Bretons travaillant beaucoup avaient une grand'faim que leurs patrons ravis s'évertuaient à calmer à coup de pains de trois livres et qu'eux-mêmes apaisaient par d'étranges soupes d'os, de betteraves et de simples, dont Émile lui-même prétendait que le fumet lui coupait l'appétit. »

Jacques Perret dans *Le Caporal épinglé* (1947) raconte avec humour sa situation de prisonnier de guerre et ses tentatives d'évasion.

« Le chef a un canard sur le feu »

Affiche de la brasserie « la Chope » à Rennes, 1953, citée dans « le Général est arrivé à pied par la Chine » de L'album de la Comtesse du *Canard enchaîné* (Jean-Jacques Pauvert, 1967). Il s'agit donc d'une contrepèterie.

« Des malins y avaient installé de la paille. Notamment un Breton, un petit tordu au regard bleu. Ses yeux flottaient dans l'azur et le vin. Où trouvait-il assez de picrate pour se saoûler ? Toute la journée, il dansait sur la scène comme les nègres au son du tam-tam. »

Paul Guth, *Le Naïf sous les drapeaux,* 1957.

« C'est le Moyen Âge ; on est au bout du malheur et du monde… L'homme est quasi muet, édenté, l'air idiot, les yeux minuscules de rat alcoolique, un clochard ne voudrait pas de son pantalon… »

Reportage de Jean Cau à propos du pays Léonard (Saint-Pol-de-Léon), publié dans le magazine *L'Express*, en 1959.

« C'était une petite maigre, noiraude, aux yeux chassieux. Ses cheveux, quoique courts, étaient en désordre. Sur sa poitrine plate, elle portait un tablier crasseux à l'aide duquel elle avait le front d'essuyer les verres et les tasses. »

Tel est le portrait de la serveuse du Café anglais, rue Nationale à Pontivy dans le roman d'espionnage de Paul Binic, *Hargne en Bretagne,* publié en 1962 aux éditions de l'Arabesque (Paris).

« Quand la mer se ramène avec des « Étrangers »
En Bretagne y a toujours la crêperie d'à côté
Et un marin qui t'file une bonn' crêpe en ciment
Tell'ment il y a fourré des tonn's de sentiments. »

Chanson de Léo Ferré, *Les Étrangers,* 1972

« Me revient à la mémoire la tronche du patron… un petit homme tremblant de poivrade, un alcoolo… garanti pur cidre… n'est-ce-pas, un Breton, Marie-Joseph Kervidic. Je me souviens brusquement d'un détail… il avait tenu… enfin il était taulier avant-guerre d'un bobinard à Quimper… **Au Moulin Rose** ***rue Pen-Ar-Stang. »***

Avec sa gouaille habituelle, Alphonse Boudard raconte dans *La Fermeture* (1986, Albin Michel), la fin des maisons closes en 1946. Selon lui, en Bretagne, ce n'est pas le champagne qui coule à flots comme au One Two Two ou chez Madame Claude à Paris.

« Il a perdu son taxi parce qu'il buvait trop, maintenant il est chauffeur de car en Bretagne. »

Jean-Marie Gourio, *Brèves de comptoir,* 2000.

« Ce goût prononcé du Breton pour l'alcool. »

Bernadette Malgorn a beau être Bretonne, c'est en tant que préfète de région qu'elle s'adonne aux stéréotypes dont on affuble son pays (*Ouest-France,* 14 octobre 2005). *Nobody is prefect*!

« En Bretagne, en Bretagne,
on boit du jus d'andouille et du sirop d'artichaut
et nus sur la lande, ronds comme des chapeaux,
on fait la nuit des rondes à la lueur des fars aux pruneaux. »

Le 5 février 2006, durant l'émission *les Grosses têtes*, sur RTL, le fantaisiste Jackie Berroyer interprète cette chanson de son nouveau spectacle dont plusieurs strophes méritent vraiment d'être citées dans diverses parties de notre anthologie. Vous ne trouvez pas ?

Le dernier Chouan.

Chapitre VIII

« La Bretagne est une vieille rebelle »

« La Bretagne est une vieille rebelle », proclame Victor Hugo que l'on voit tour à tour s'en plaindre, le redouter et s'en réjouir. C'est toute la riche contradiction, dans l'évolution de ce géant de la littérature. *« Le génie de la Bretagne, c'est un génie d'indomptable résistance et d'opposition intrépide, opiniâtre, aveugle »*, surenchérit en écho Jules Michelet. On voit donc que, selon les périodes et les options politiques, on se désole ou on s'en félicite, mais que dans tous les cas, cet esprit de rébellion ne passe pas inaperçu. Qu'il s'agisse de la conspiration de Pontcallec ou du soulèvement des Bonnets rouges, fronde provoquée par la décision du roi de France de frapper les Bretons de nouvelles taxes en rupture avec les dispositions d'union avec la France. Ou qu'il s'agisse des grandes batailles écologiques, contre la centrale nucléaire de Plogoff, les effets des marées noires ou le combat de Carhaix pour son hôpital, célébré par le film *Bowling*...

« On dit qu'il y a cinq ou six cents ***Bonnets bleus*** *en basse Bretagne, qui auraient bon besoin d'être pendus pour leur apprendre à parler. »*

Lettre de Paris envoyée par la marquise de Sévigné à sa fille Madame de Grignan, le 3 juillet 1675. Comme elle disait d'elle-même : « J'ai l'esprit éclairé et le cœur de glace. » Notons que les Bonnets bleus ici nommés ne sont qu'une variante locale des Bonnets rouges...

« Nos pauvres bas Bretons, à ce que je viens d'apprendre, s'attroupent quarante, cinquante, par les champs et dès qu'ils voient des soldats, ils se jettent à genoux et disent **mea culpa**. *C'est le seul mot français qu'ils sachent... On ne laisse pas de pendre ces pauvres bas Bretons. Ils demandent à boire et du tabac et qu'on les dépêche ».*

Le dernier Chouan.

On aurait tort de croire que la marquise de Sévigné, dans ce courrier du 24 septembre 1675, s'apitoie sur le sort des Bretons, dont la révolte des Bonnets rouges est réprimée par les dragons de Louis XIV. Tout est bien, pourvu que l'armée royale ne gêne pas ses promenades en forêt du côté de Vitré :

« Je trouve tout fort bien, pourvu que les quatre mille hommes qui sont à Rennes sous MM. de Fourbin et de Vins ne m'empêchent point de me promener dans mes bois qui sont d'une hauteur et d'une beauté merveilleuses. »

À nouveau la marquise de Sévigné le 20 octobre 1675. Un mois plus tard, un nouveau courrier souligne l'amusement que lui procure la répression des Bretons :

« Nous ne sommes plus si roués ; un en huit jours seulement pour entretenir la justice. Il est vrai que la pendaison me semble maintenant un rafraîchissement. »

La marquise de Sévigné, courrier du 24 novembre 1675. Au début de l'année suivante, la célèbre épistolière se réjouit encore en confirmant à sa fille, Mme de Grignan qu'on emploie les bons moyens pour mettre fin à la révolte des Bonnets rouges.

« Nos soldats s'amusent à voler et mirent l'autre jour un petit enfant à la broche, mais d'autres désordres, point de nouvelles. »

Lettre de la marquise de Sévigné du 5 janvier 1676.

« Je ne puis vous exprimer, Monsieur, quels ravages les troupes font sur leur route. Je crains que cette province ne soit traitée comme le pays ennemi. »

Le duc de Chaulnes, responsable de la contre-insurrection face aux Bonnets rouges, rend compte à Louvois, le 9 février 1676.

« Pas plus que Sévigné, la marquise lettrée,
Ne s'étonnait de voir, douce femme rêvant,
Blêmir au clair de lune et trembler dans le vent,
Aux arbres du chemin, parmi les feuilles jaunes,
Les paysans pendus par ce bon duc de Chaulnes,
Vous ne preniez souci des manants qu'on abat
Par la force, et du pauvre écrasé sous le bât. »

Dans *les Contemplations,* en juin 1846, Victor Hugo prend fait et cause pour les Bonnets rouges, ces « misérables » pour lesquels la marquise de Sévigné, langue de vipère, n'a pas assez de mépris.

« Ces esprits ne tendent qu'à l'indépendance et à donner au roi ce qu'ils voudront, se mesurant au temps de la duchesse Anne et de leurs privilèges, et c'est là leur idole. »

Remarque du maréchal Pierre de Montesquiou d'Artagnan, gouverneur de Bretagne, en 1718, qui réprime la conspiration de Pontcallec, presque un demi-siècle après celle des Bonnets rouges.

« Les Bretons les plus sensés s'échauffent et déraisonnent lorsqu'il est question de leurs prétendus droits, privilèges, franchises. »

Le duc d'Aiguillon, l'un des animateurs du Club breton qui, dès 1788, va jouer un rôle clef dans le déclenchement de la révolution. À la différence du reste de la France, les députés bretons provenaient seulement du bas clergé et du tiers état et ont formulé, par leurs cahiers de doléances, les réformes les plus élaborées de l'époque.

« Jusqu'à ce moment, les contrats de nation à nation ont été considérés comme des échanges de conventions réciproques (...). L'Assemblée a donc reconnu les droits de la Bretagne; elle a reconnu qu'ils existaient jusqu'à ce que l'adhésion formelle au sacrifice des privilèges les eut anéantis. »

Honoré Gabriel Riqueti, comte de Mirabeau décrit au cours des réunions de l'Assemblée nationale des 8 et 9 janvier 1790, la fin des privilèges de la Bretagne pourtant défendus par le Parlement de Rennes qui a été champion de la lutte antimonarchique à la fin de l'Ancien régime (dans Armand du Chatellier, *Histoire de la Révolution en Bretagne,* 1832). Le cours de la Révolution charrie des flots de sang avec l'équipe de Robespierre au pouvoir. D'ailleurs, l'année suivante le citoyen Mirabeau en voit son destin « raccourci ».

« La Bretagne est une vieille rebelle. Toutes les fois qu'elle s'était révoltée pendant deux mille ans, elle avait raison. La dernière fois, elle a eu tort. Et pourtant, au fond, contre la Révolution comme contre la monarchie, contre les représentants en mission ou contre les gouverneurs ducs et pairs, contre la planche aux assignats comme contre la ferme des gabelles, quels que fussent les personnages combattants… C'était toujours la même guerre que la Bretagne faisait, la guerre de l'esprit local contre l'esprit central. »

Victor Hugo a précisé sa vision de la Bretagne, après 1834, grâce à sa maîtresse fougeraise Juliette Drouet. Son père Gauvain était un Chouan et Hugo en fait l'un des personnages de *Quatrevingt-treize.*

Illustration de *Quatrevingt-Treize.*

« Il n'y a pas de pays en Europe qui n'abrite dans quelque recoin un ou plusieurs débris de peuples, reliquats de vieilles populations qui furent réprimées et asservies par la nation qui devint plus tard le principal vecteur de l'évolution historique. Ces restes de nations impitoyablement écrasées - comme dit Hegel - par la marche de l'histoire, ces détritus de peuples sont et resteront, jusqu'à leur total anéantissement ou la perte de leur caractère national, les soutiens fanatiques de la contre-révolution ; toute leur existence est déjà un défi à la grande révolution historique.

Tels sont, en Écosse, les Gaëls, qui soutiennent les Stuarts de 1640 à 1745.

Tels sont, en France, les Bretons, qui soutiennent les Bourbons de 1792 à 1800.

Tels sont, en Espagne, les Basques qui soutiennent Don Carlos.

(…) La prochaine guerre mondiale résultera dans la disparition de la surface de la terre non seulement des classes et des dynasties réactionnaires, mais aussi de la totalité des peuples réactionnaires. Et cela aussi ce sera un progrès. »

Friedrich Engels publie l'article « *le Combat des Magyars* » dans la *Nouvelle Gazette Rhénane*, n° 194, le 13 janvier 1849, revue dirigée par son ami Karl Marx. L'industriel et théoricien socialiste Engels y salue paradoxalement le soulèvement des Hongrois contre l'empire autrichien, tandis qu'il se réjouit à l'idée que Bretons, Écossais et Basques disparaissent… Plus tard il révisera son jugement sur les Celtes en soutenant le mouvement républicain irlandais des *Fenians*. À la fin de sa vie, Engels apprend même le gaélique pour écrire un livre sur l'Irlande, œuvre inachevée dont il nous reste 80 pages…

« Le génie de la Bretagne, c'est un génie d'indomptable résistance et d'opposition intrépide, opiniâtre, aveugle ; témoin Moreau, l'adversaire de Bonaparte. »

L'historien Jules Michelet dans son ouvrage *Notre France* consacre un grand chapitre à la Bretagne en 1886.

« Que les Bretons nous parlent de leur Bretagne, les Provençaux de leur Provence. Cela du moins jusqu'au jour rêvé – hélas, encore lointain – au jour rêvé du retour à l'âge d'or où toutes les forces collectives se seront fondues dans une grande patrie, où la langue française aura conquis le monde. »

Émile Zola, dans son discours électoral de 1892, épouse la vision socialiste qui prône la République universelle et l'établissement d'une langue unique nécessitant la disparition des minorités nationales et de leurs langues. Conscient qu'il connaissait mal la Bretagne, une dizaine d'années plus tôt, Zola avait imaginé d'écrire un livre dans la série des Rougon-Maquart qui percerait à jour l'âme bretonne. Il s'installa à Sainte-Marine, près de Bénodet, mais renonça à ce projet.

« Nul n'est plus révolutionnaire, plus anarchique que le Breton émancipé. »

Sentence d'André Siegfried, sociologue, économiste, historien, collaborateur du *Figaro* et membre de l'Académie française. Ce spécialiste des pays anglo-saxons publie, en 1913, *Le Tableau politique de la France de l'Ouest sous la Troisième République.*

« Le gros Herriot n'a point parlé de l'écrasement de toute civilisation celtique par la France, de l'abandon culturel où le pays dominateur a laissé la Bretagne, refusant de reconnaître la langue du pays, détruisant toute culture, étendant l'ignorance. Réservoir d'hommes, parc à boucherie de guerre, c'est tout ce qu'Herriot considère en Bretagne. »

L'Humanité, quotidien du Parti communiste, publie cet article le 8 août 1932, alors que le mouvement séparatiste Gwenn ha Du a fait sauter, la veille à Rennes, la statue représentant la duchesse Anne agenouillée devant le roi de France, et qu'Édouard Herriot, président du Conseil, est venu célébrer le cinq centième anniversaire de l'intégration de la Bretagne à la France. Devenu PC « F » (français) au moment du Front populaire, quatre ans plus tard, le parti de Maurice Thorez va changer de ligne.

« Les craintes et les superstitions des Bretons attachés à leurs légendes, croyant aux farfadets qui rôdent la nuit dans les landes, se réveillèrent et créèrent un état d'esprit hostile à la Révolution. »

Jacques Godechot (1907-1989), *La Contre-Révolution*, p. 222, 1961, PUF, Paris.

« Il faudra que les Bretons comprennent qu'ils doivent aller où est le travail, dans l'Est, dans le Nord, à Paris. »

Georges Pompidou, Premier ministre, le 18 avril 1964, au cours de la semaine sociale à Lyon. Ce qui n'empêche pas le couple Pompidou de passer ses vacances en Bretagne, notamment chez les Bétancourt (ceux de L'Oréal) sur la pointe d'Arcouest. Sans doute pas un hasard si, trois mois plus tôt, l'Union démocratique bretonne (UDB) a vu le jour et fera campagne pour « Vivre et travailler au pays ».

« Mi-juillet, vacances : c'était pour moi comme l'an dernier, le nord Finistère, une baie des Anges, un aber Wrac'h (ce qui signifie golfe de la Fée), quelques amis discrets, peu volubiles, à l'instar de la Bretagne. Le lieu est toujours lié à deux grains de sable : Édouard Leclerc, l'épicier inquiet, parti de Landerneau pour réformer le commerce et la distribution, et vendre à plus bas prix, et le jésuite Jaouen. Jaouen est sur la pointe de Fort-Saizon – œil de paix, force tranquille – avec sa troupe de

soixante délinquants et son cotre le Bel Espoir. *Si les pères et les juges voyaient la colonie, ils pourraient se juger aussi, découvrir un amour et une fermeté, et que la répression contre une enfance ne mène à rien. (...). De Lannilis à Landerneau, où je vis mes vacances, beaucoup de jeunes, séparés des anciens qui ont échoué, ont aussi le mauvais goût dans la bouche. »*

Emmanuel d'Astier de la Vigerie, raconte ses vacances dans la revue *L'Événement,* en septembre 1967. L'ancien résistant procommuniste, journaliste, ami de De Gaulle, présage huit mois avant mai 1968, en prenant ses vacances en Bretagne, qu'un vent de révolte des jeunes va souffler sur la France. Comme pour 1789, la Bretagne est un bon baromètre pour savoir ce qui va se passer bientôt en France...

« La Bretagne ne peut échapper au nucléaire. Si le site de Plogoff convient, je suis pour ! À Brennilis fonctionne d'ailleurs une centrale de ce type depuis plusieurs années, sans conséquence pour les personnes vivant dans son voisinage. »

Un autre communiste, secrétaire général du PCF, Georges Marchais, de passage à Rennes, le 22 février 1979, déclare son soutien au projet de l'EDF. Il n'a pas senti venir le sentiment écologiste qui s'enracine en péninsule armoricaine.

« Il y a moins d'accidents dans les centrales nucléaires que dans les fabriques de chapelets. »

Michel de Bennetot, député du Finistère, s'autoproclamant « spécialiste » des questions nucléaires, justifiant l'implantation de la centrale de Plogoff, le 29 novembre 1978 (cité par Gérard Borvon, *Plogoff, un combat pour demain,* 2004).

Chapitre IX

« La Bretagne, élément résistant de la France »

« La Bretagne, élément résistant de la France. » La formule de Jules Michelet pourrait se traduire ainsi : heureusement que les Bretons sont là pour empêcher la France de tomber sous le joug de l'« envahisseur » ! En 1870 ! En 1914 ! En 1944 ! Et pourtant, dans les tranchées, on se moque d'eux et de leur « baragouinage ».

Nombre de ces citations témoignent du courage de ces Bretons dans les régiments en première ligne en 1914, partis rejoindre les Forces françaises libres en 1940 et plus tard, en 1944, de considérables maquis qui vont immobiliser l'armée nazie dans la péninsule garantissant le succès du débarquement allié en Normandie.

On retrouve la "schizophrénie coloniale" : on se méfie des minorités rebelles, mais on est fort heureux de les utiliser pour combattre des adversaires extérieurs... Les exemples abondent dans l'Histoire, il suffit de penser aux Écossais qui combattaient contre Londres et vont fournir des soldats d'élite dans l'armée de l'empire des Indes ! Aux « indigènes » africains combattant dans l'armée française et bien peu récompensés.

Pour les Bretons, tout a peut-être commencé du temps de Du Guesclin, ou à l'époque où ils ont donné le mot « soldat » à la langue française.

« Soldat ou Soldard, du breton Soudard.
Le mot soldat, entre dans la langue française, en 1547, avec l'expression du Rabelais breton Noël du Fail, avec son expression à la soldate. *»*

Dictionnaire étymologique, Larousse, 1964.

« Les Barbares, ayant perdu une partie de leurs navires cherchèrent leur salut dans la fuite. Ils se disposaient à profiter des vents, lorsque tout à coup survint un calme plat qui leur rendit tout mouvement impossible. Cette circonstance compléta la victoire : les nôtres les attaquèrent et les prirent l'un après l'autre ; un petit nombre put regagner la terre à la faveur de la nuit. »

Jules César, dans *La Guerre des Gaules* (III, 15), décrit la bataille des légions romaines contre les Vénètes, tribu celte résidant dans l'actuel Morbihan.

« On traverse champs, forêts et marécages au sol mou. On enlève la population, on détruit les troupeaux. Les malheureux Bretons sont emmenés captifs. »

Le chroniqueur Ernold le Noir fait allusion en 818 dans son poème à la révolte du roi Morvan Lez Breiz, face à l'empereur Louis Le Pieux qui, quatre ans après la mort de Charlemagne, tente d'asseoir son autorité sur la Bretagne.

« Ils courent au combat avec une ardeur joyeuse ; dans la lutte, ils frappent avec fureur. »

Guillaume IX de Poitiers (1071-1126) évoque les chevaliers bretons. Homme de lettres autant que grand seigneur, ce poète en langue d'Oc a fait venir en sa cour le barde gallois Bledri ap Davidor, qui a introduit l'histoire de Tristan et Iseut sur le continent.

« Bretteur : personne qui aime se battre à l'épée, à ferrailler. De brette (de l'ancien français bret. Breton) épée longue et étroite du XVIe-XVIIe siècle » (Nouveau Petit Larousse, 1970).

Les peuples celtes ont donné beaucoup de mots pour ce qui concerne le combat. Au XVIIe siècle, c'est à Rennes que se trouvent parmi les plus grands maîtres d'armes de la Renaissance, tel Charles Besnard. L'un de ses élèves n'est autre que le futur philosophe René Descartes, lequel a rédigé un traité d'escrime qui a disparu…

« Nous avons parcouru tous les lieux qui nous avaient été indiqués, nous avons trouvé les huttes et les cachettes, mais personne dedans. Nous voyons, chaque sortie que nous faisons, les sentinelles des brigands ; marchons-nous dessus, tout disparaît et

rentre en terre et il ne reste aucun vestige. Tout leur sert, les femmes, les enfants ; on jurerait qu'ils ont des télégraphes. »

Pendant la révolution, le général Lazare Hoche se désole de ne pouvoir combattre contre l'armée invisible des Chouans dont un tiers sont bretons.

« Cette pauvre vieille province nous a sauvé plus d'une fois ; souvent lorsque la patrie était aux abois et qu'elle désespérait presque, il s'est trouvé des poitrines et des têtes bretonnes plus dure que le fer de l'étranger. (...) Le génie de la Bretagne, c'est un génie d'indomptable résistance et d'opposition intrépide, opiniâtre, aveugle. »

L'historien Jules Michelet, même quand il veut rendre hommage à la Bretagne combattante, en 1833, ne peut s'empêcher de reproduire les habituels clichés.

« La Bretagne, élément résistant de la France. »

Jules Michelet poursuit sa démonstration : sans la Bretagne, la France aurait perdu les guerres sous l'Empire. Et d'ailleurs lorsqu'elle va se dispenser d'utiliser l'armée bretonne contre les Prussiens, elle va perdre la guerre en 1871. Une défaite qui va ulcérer Michelet, le pousser à s'exiler et à mourir trois ans plus tard.

« La nostalgie bretonne, maladie morale si connue que ces colonels y ont égard pour les Bretons qui se trouvent dans leurs régiments. »

Honoré de Balzac, *Pierrette,* (1840) qui ne se passe pas en Bretagne mais en Seine-et-Marne. La lamentable histoire d'une orpheline victime de bien des manipulations et sévices.

« J'ai loué l'héroïsme breton, Chouan et non Marceau, Stofflet et non Danton. »

Dans *Les Contemplations* (juin 1846) Victor Hugo s'en prend à ceux qui lui reprochent de n'être pas « moderne » parce qu'il défendait les Chouans. Y compris le chef du soulèvement vendéen, Jean-Nicolas Stofflet.

« Non seulement les Celtes fournirent à l'esprit de chevalerie son principal élément humain mais ils donnèrent à l'Europe du Moyen Âge le cycle d'Arthur, une des sources les plus fécondes d'inspiration littéraire. »

Charles de Gaulle, pas l'homme du « 18 juin », mais son oncle (1837-1880), dans *La Revue de Bretagne et de Vendée*, en octobre 1864 (page 268) ! Cet érudit, qui se passionne pour le breton, est à l'origine d'une pétition pour son enseignement en 1870 et rédige la première grammaire unifiée de cette langue. En février 1969, son neveu, lors d'un séjour à Quimper, débute son discours par un poème en breton de son oncle.

« Monseigneur le duc de Bretagne
À, pour les combats meurtriers,
Convoqué de Nantes à Mortagne,
Dans la plaine et sur la montagne,
L'arrière-ban de ses guerriers. (...)
Ce sont des barons dont les armes
Ornent des forts ceints d'un fossé ;
Des preux vieillis dans les alarmes,
Des écuyers, des hommes d'armes ;
L'un d'entre eux est mon fiancé. (...)
Depuis ce jour l'effroi m'agite
J'ai dit, joignant son sort au mien :
Ma patronne, sainte Brigitte,
Pour que jamais il ne le quitte,
Surveillez son ange gardien ! (...)
L'Égyptienne sacrilège
M'attirant derrière un pilier,
M'a dit hier (Dieu nous protège !)
Qu'à la fanfare du cortège
Il manquerait un timbalier. (...)
Le duc n'est pas loin : ses bannières
Flottent parmi les chevaliers ;
Quelques enseignes prisonnières,
Honteuses, passent les dernières...
Mes sœurs, voici les timbaliers !

Elle dit, et sa vue errante
Plonge, hélas! dans les rangs pressés;
Puis, dans la foule indifférente,
Elle tomba, froide et mourante…
Les timbaliers étaient passés.

Honnie soit la guerre! *La Fiancée du timbalier* de Victor Hugo, aux extraits ici présentés, situe en Bretagne cette histoire d'amour aux accents antimilitaristes. Cette ballade écrite en 1887 sera mise en musique par Camille Saint-Saëns en 1902, puis par le groupe Malicorne dans son album *Almanach* (1976).

« J'aimais par-dessus tout me promener sur le quai de la Penfeld [à Brest] *en compagnie de mon mentor. Celui-ci me désignait du bout de sa canne à pommeau d'argent les différents bâtiments ancrés dans la rade et, plus près, dans l'ombre du château. Nous nous glissions à l'aise au milieu de cette agitation surprenante que les bruits de guerre, de plus en plus en plus nombreux, enrichissaient de couleurs, de mouvements et de rumeurs dont nos yeux et nos oreilles ne cessaient de s'émerveiller. »*

Pierre Dumarchey, alias Pierre Mac Orlan, *L'Ancre de miséricorde* (1941) fait parler son personnage Yves-Marie Morgat *« adolescent de seize ans, court et trapu comme un Franc Breton »*, dont les aventures se déroulent à Brest en 1777 et débutent à *« Kéravel, quartier pauvre qui s'étendait entre le bagne et la rue de Siam où nous logions »*.

« Si l'est de la France était envahi, c'est de l'ouest qu'il faudrait tirer nos ressources pour nous sauver. Que de Paris nous puissions donc plonger par des voies de fer jusqu'au fond de la Bretagne, que la capitale soit mise en communication rapide avec notre premier port de guerre. »

Cette théorie du « réduit breton » est donc explicitée par ce texte qui met en valeur Brest. Lettre de René-Anselme Hamon, secrétaire particulier du ministre François Guizot, au rédacteur en chef du journal *l'Union*, 1841, dont on voit, une fois de plus, l'importance qu'il accorde à l'implantation d'un train rapide.

« Debout, enfants de la vieille Armorique! Formons la légion bretonne! Allons chouaner chez les Prussiens! »

Le 15 août 1870, l'armée de Napoléon III a été défaite et ce dernier a été destitué. Le lieutenant de vaisseau Alfred Domalain proclame alors la création de la légion bretonne, un corps franc portant l'étendard à l'Hermine, dont les francs-tireurs prennent part aux batailles contre l'armée prussienne. En avril 1871, pendant la Commune de Paris, il est un temps question de la faire intervenir. Mais avait-on craint qu'elle ne passât du côté des Communards, comme l'a fait le colonel Louis Rossel, de Saint-Brieuc ? En tout cas, elle est dissoute le mois suivant.

« Comme bravoure, les francs-tireurs de 1870 ont de dignes émules dans les mobiles bretons dont nous avons ici signalé plusieurs fois la tenace intrépidité sous le feu de l'ennemi (…). Ils sont croyants comme leurs ancêtres, qui portaient comme signe de ralliement une croix blanche sur le devant de leur chapeau rond. »

Le journaliste Maxime Vauvert tire son chapeau devant les « mobiles », les soldats bretons, dans *le Monde illustré* en 1871. En dépit de ce courage, reconnu en France, 60 000 Bretons environs sont enfermés dans le camp de Conlie à l'hiver 1870. Ces volontaires ont répondu à l'appel d'Émile de Kérautry, député du Finistère. Les états-majors ont-ils eu peur de la constitution d'une armée bretonne ?

« L'ennemi paraît devoir nous pousser assez vivement en direction du Mans. Je vous conjure d'oublier que vous êtes breton pour ne vous souvenir que de votre qualité de Français et de vous concerter avec le général Jaurès pour opposer à l'invasion votre naissante, mais vaillante armée ; c'est occasion de lui donner le baptême du feu. »

Pendant la guerre de 1870, Charles de Freycinet, ministre de la Guerre, écrit au général Émile de Kératry, chargé de constituer l'armée bretonne pour venir en appui de l'armée de la Loire. Puisqu'on s'en méfie, elle reste cantonnée au camp de Conlie, près du Mans, dans des conditions déplorables.

« Il paraît que ces fiévreux, mangés de vermine et incapables de défendre leur peau une demi-minute, étaient redoutés comme Chouans probables ou possibles. Rien ne prévalut contre cette imbécile crainte et les malheureux furent sacrifiés odieusement dans les circonstances précises où devait s'accomplir le dernier et suprême effort de la résistance. »

Un tiers des soldats de Conlie sont appelés à combattre. L'écrivain Léon Bloy décrit, en 1883, l'enfer des autres transis de froid, frappés par la typhoïde et la variole (2000 sont hospitalisés, plus d'une centaine meurent).

« On a eu tort de faire une armée de Bretons. À Tours, ces messieurs craignent que ce soit une armée de Chouans. »
Et quand survient la défaite au Mans, le général Chanzy en rend, à tort, responsables ces Bretons courageux, mais équipé de mauvais fusils d'un surplus américain de la guerre de Sécession.

« Les mobiles d'Ille-et-Vilaine ont fui au premier obus. »
L'historien Arthur de la Borderie soulignera qu'il s'agit d'un mensonge. Les mobiles ont résisté. Mais faute d'armes efficaces, ils ont dû finalement reculer.

« Il s'appelait Jean-François-Marie Pôder, – ou du moins c'était le nom inscrit sur son livret. Les camarades l'appelaient Jean-Marie Nigousse. Il avait des yeux clairs, gris, sans fond, un nez épaté et des dents pointues ; trapu et large d'épaules, il marchait comme un canard. D'ordinaire, il tirait sa flemme sur son lit qu'il avait poussé dans le coin de la chambrée comme le plus ancien. Souvent il manquait à l'appel du soir : c'est qu'il était parti en bombe. Il y restait cinq jours et revenait le sixième, avant d'être porté déserteur. »
Pôder, nouvelle de Marcel Schwob, publiée dans *L'Écho de Paris,* 8 mars 1889, et sept jours plus tard dans *Le Phare de la Loire.*

« La République nous appelle
Pour elle un Français doit vivre
Pour elle un Breton doit mourir. »

La guerre suivante. *Le Chant du départ* détourné pendant la guerre de 1914-1918, (cité par Xavier Grall in *Glenmor,* Seghers, 1972).

« Du Breton, j'en ai consommé ! »

Phrase attribuée au Général Robert Nivelle, chef de la 56ᵉ division d'infanterie, responsable de l'offensive sur le Chemin des dames qui fut un échec, en avril 1917, puis remplacé par le général Pétain comme commandant en chef de l'armée. Toutefois, Roger Laouenan, historien des Bretons de la guerre 14-18 nous signale qu'on ne trouve aucune trace de cette sortie de Nivelle dans les archives. Elle a probablement été inventée par les milieux nationalistes bretons dans les années 1920.

« Ils s'exprimaient mal, mes cavaliers d'escorte. Ils parlaient à peine, pour tout dire. C'étaient des garçons venus du fond de la Bretagne pour le service et tout ce qu'ils savaient ne venait pas de l'école, mais du régiment. Ce soir-là, j'avais essayé de m'entretenir un peu du village de Barbagny avec celui qui était au côté de moi et qui s'appelait Kersuzon. »

Louis-Ferdinand Céline, *Voyage au bout de la nuit.*

« Je me souviens d'être monté en rifle avec des combattants bretons. Ils ne savaient pas lire, ni écrire, brigadiers compris… Ils inspiraient une confiance absolue, qui ne s'est jamais démentie ! « Ac cadaver ». Je me méfie beaucoup des soldats qui savent lire… qui vont au cinéma… Qui sait lire devant le péril devient facilement raisonneur, un peu hésitant, subtil… Il se croit au cinéma, il demande à voir la suite… Il n'y a pas de suite !… »

Louis-Ferdinand Céline, *Bagatelles pour un massacre.* Dans le même livre, Céline explique qu'il est à moitié flamand (Destouches), à moitié breton côté maternel (Marguerite Guillou dont la mère se prénommait… Céline !).

« C'est pas du tout, du tout les nôtres… Moi je voudrais bien faire une alliance avec Hitler. Pourquoi pas ? Il a rien dit contre les Bretons, contre les Flamands… Rien du tout… Il a dit seulement sur les Juifs… Il les aime pas les Juifs… Moi non plus… J'aime pas les nègres hors de chez eux… C'est tout. »

Louis-Ferdinand Céline, *Bagatelles pour un massacre.*

« L'île de Sein, c'est donc le quart de la France ! »

Réalité ou légende sur la cause du départ des pêcheurs de l'île de Sein qui, dès l'été 1940, le rejoignent : le général de Gaulle n'en a pas moins une admiration pour ces Bretons qui se retrouvent dans la France libre et dont il préside l'association à Londres.

« Français, vous vous rendez tous compte du péril que court l'unité de la patrie. Ce n'est plus seulement l'Alsace et la Lorraine que l'ennemi veut lui arracher. Déjà Hitler a fondé à l'ouest avec cinq départements bretons, un État prétendu autonome. »

Chargé du comité des affaires étrangères, auprès de De Gaulle à Londres, René Cassin prend pour argent comptant la propagande nazie au cours d'une allocution radiophonique à la BBC (reproduite dans son livre d'après-guerre *Les Hommes partis de rien,* Éd. Plon). Bientôt, il réalisera que les Bretons sont parmi les premiers à rejoindre les Français libres.

« Pour moi, c'était conciliable d'être autonomiste et dans la résistance. Malheureusement, les gens que j'avais fréquentés dans ces mouvements se sont fourvoyés dans la collaboration par antimarxisme. Or, on pouvait être de droite et résistant (...). Je me bats par atavisme et parce que ça me plaît. Et puis, quand les Allemands sont arrivés, ça changeait tout, il fallait les mettre à la porte. Un vieux réflexe, en somme. Pas besoin d'être ethnologue. Ici, on est en terre d'insurgés. Et puis, au fond, le Breton n'aime pas être commandé. Ce particularisme a donc favorisé la construction d'un réseau clandestin... Toutes les liaisons effectuées dans le réseau **Hector** *étaient inspirées des méthodes de Cadoudal, qui reste le grand modèle : observateurs fixes, observateurs mobiles, liaisons et caches. »*

Luc Robet, longtemps maire de Poullan-sur-Mer, lors d'un entretien, le 9 février 1988 (publié dans *Les Résistants, de la guerre de l'ombre aux allées du pouvoir* par Roger Faligot et Rémi Kauffer, Fayard, 1989). Ancien camelot du roi, sous le pseudonyme de Fañch le Gavr, Robet a rejoint l'Organisation de résistance de l'armée (ORA) et crée, avec le colonel Heurteaux, le réseau de renseignement Hector, démantelé en 1942, avant de diriger le groupe Vengeance de l'ORA, dans le Finistère.

« Le chapeau de Napoléon est-il toujours à Perros-Guirrec ? »

Lancé par la BBC le 4 août 1944, ce message destiné aux équipes de commandos Jedburgh, a pour but de déclencher le soulèvement armé en Bretagne, afin d'y immobiliser le corps expéditionnaire allemand et l'empêcher de rallier la Normandie pour y repousser le débarquement allié.

« Le gouvernement français maintient qu'il a agi envers les Bretons, dans la conduite de l'épuration, exactement comme il a agi envers les autres Français. La question

pour nous est de savoir si le gouvernement français a, depuis la libération de la France, persécuté certains Bretons, non pas parce qu'ils ont collaboré en actes et en paroles avec les Allemands, mais parce qu'ils ont défendu des idées bretonnes durant l'occupation de la France ou parce qu'ils ont osé les défendre et les propager à ce moment-là plus ouvertement et plus effectivement qu'ils n'avaient osé le faire dans le passé. »

Rapport d'une délégation de personnalités galloises venue en Bretagne en avril et mai 1947, dirigée par le Dr William John Gruffyd, député à Westminster, chevalier de la Légion d'honneur et docteur *honoris causa* de l'université de Rennes, pour étudier la répression contre les nationalistes bretons après 1944.

« On ne peut pas identifier la Bretagne bretonnante à Diwan. C'est un piège. La Bretagne est fondatrice des libertés républicaines. C'est le « club des Bretons » qui a fait basculer la Révolution du bon côté. Elle est en tête des régions qui ont payé un lourd tribut pour reconquérir l'Alsace et la Lorraine. Elle est dans le peloton de tête de la Résistance. Je suis contre l'assimilation de la Bretagne à ses extrémistes linguistiques. »

Interview réalisée par le journaliste spécialiste de l'éducation Emmanuel Davidenkoff de Jean-Luc Mélenchon, dans *Libération*, du 14 décembre 2002. Le futur candidat aux élections présidentielles de 2012 est alors ministre de l'Enseignement professionnel, en désaccord avec Jack Lang sur l'intégration des écoles Diwan, ce qui ne l'empêche pas de souligner le rôle émancipateur de la Bretagne dans l'histoire de France.

Si Troyon était là, c'est lui qui rirait !

Lith. Vayron, rue Galande 51, Paris. *Paris. Au Bureau du Journal Amusant, r. Bergère, 20.*

Chapitre X

« Les Bretons, un sous-peuple »

« Quelques-uns, enivrés, se flattent même d'appartenir à un sous-peuple, qu'il soit basque ou breton... » Christophe Barbier, l'auteur d'un éditorial dans son journal *L'Express* a peut-être cru qu'il innovait avec cette réflexion qui, si elle concernait une « minorité visible » ou une communauté ethnique, religieuse ou politique lui aurait sans doute valu des poursuites judiciaires.

À la vérité, voilà qui n'a rien d'original. Onze siècles avant lui on fustigeait cette *« race menteuse, arrogante et rebelle »*. À la Révolution, certains Jacobins, chargés de la mettre en coupe réglée, estimaient qu'on pouvaient comparer la Bretagne aux *« égouts de la République »*. Ne l'ayant conquise par les armes, on songea pendant la Troisième République à l'amadouer ou à la forcer par l'éducation, et à *« améliorer la race bretonne »*, comme on le fait avec la race chevaline par croisement approprié. Sans doute cela a-t-il été un fiasco pour que, en 2012, certains continuent à se plaindre de l'entêtement que met cette Bretagne à préserver son identité, tout en s'enrichissant d'influences modernes.

« Les Bretons constituent une race menteuse, arrogante, rebelle, perfide, chrétienne de nom seulement, sans rien de chrétien dans ses mœurs, sans culte et sans églises. Chez eux, le frère se marie avec la sœur, le frère enlève la femme de son frère, tous vivent dans l'inceste et le crime. Ils subsistent de rapines comme les bêtes féroces ; chez eux, toute justice est inconnue, il n'existe pas de tribunaux. »

Après la mort de Charlemagne en 814, l'empereur Louis Le Pieux tente de rétablir l'autorité franque sur la Bretagne. Il demande à Lambert Ier de Nantes, préfet des marches de Bretagne d'établir un rapport sur les habitants de la péninsule armoricaine afin d'en préparer l'invasion. Le poète Ernold Le Noir (en latin Ermoldus Nigellus) rend ainsi compte, dans son poème à Louis (*In honorem Ludovici Pii),* de la mauvaise image que renvoie le préfet Lambert. Le début d'une longue histoire…

« Bretaigne est Pérou pour la France. »

C'est plutôt un compliment ! Dicton du XVIe siècle, à l'époque d'Henri IV, roi de France et de Navarre, faisant allusion à l'importance des mines d'argent du Pérou qui enrichissent l'Espagne de Philippe II, et par rebond les marchands d'Outre-mer de Vitré et d'autres villes de Bretagne. Par contraste, à la même époque, Sully, grand argentier du royaume lui préfère cette déclaration : *« Labourage et paturage sont les deux mamelles de la France, c'est son Pérou à elle »*. La Bretagne serait donc la troisième mamelle !

« Toujours quelques fous, du Régent à Louis XVI, rêvaient de séparation, la Bretagne libre de la France, seule en son trône de granit, comme un Arthur ressuscité, avec la monarchie celtique. Un grand peuple dispersé, curés, bourgeois, paysans, matelots, ne partageait pas ces songes, et se montrait plus docile, entraîné pourtant par moment aux emportements de la noblesse, aux audaces du parlement. C'était le plus fier du royaume. Il rappelait incessamment sa fameuse duchesse Anne et les droits de son contrat. »

L'historien Jules Michelet, dans son *Histoire de France au XVIIIe siècle, Louis XV et Louis XVI* (1867), résume astucieusement le climat qui prévaut à la veille de la révolution de 1789, mais il ne peut omettre combien les Bretons, toutes classes confondues, étaient attachés à leur parlement, comme les Basques ou les Écossais.

« Il ne s'agit plus de faire le triage des bons et des méchants ; dans ce pays maudit, il n'y a, il ne peut y avoir que des coupables. »

Joseph Fouché, ministre de la Police depuis juillet 1799 rédige, cette année-là, son *Instruction aux administrations de Bretagne.* La colère de Fouché, né à la Martinière près de Paimbœuf (Loire-Atlantique), tient sans doute à ce que, cet été-là, le Breton Georges Cadoudal et ses Chouans s'emparent de Sarzeau et manquent de peu de prendre Vannes.

« Les départements de l'Ouest sont des égouts où se jettent depuis longtemps des bandits et vagabonds de la République. »

Ex-ministre de la Guerre, le général Jean-Baptiste Bernadotte prononce cette sentence républicaine un mois après avoir pris le commandement de l'armée de l'Ouest, en mai 1800, bien qu'il n'ait pas soutenu le coup d'État de Bonaparte six mois plus tôt, ce qui ne l'empêchera pas de devenir maréchal d'Empire. (dans Marie-Hélène Legrand, *Napoléon & la Bretagne,* 2004).

« La basse Bretagne, je ne cessai de le dire, est une contrée à part, qui n'est plus la France. Exceptez-en les villes, le reste devrait être soumis à une sorte de régime colonial. Je n'avance rien d'exagéré. Cet isolement né de la langue, cette inféodation native aux coutumes perdues ailleurs dans la nuit des temps, réclament des soins spéciaux qui doivent précéder l'application générale des lois de la patrie. Ce sont des bas Bretons. Qu'on en fasse des Français avant d'exiger d'eux les devoirs communs qu'ils ne sauraient comprendre. Multiplions les écoles, créons pour l'amélioration de la race bretonne quelques-unes de ces primes que nous réservons aux chevaux et faisons en sorte que le clergé nous seconde en n'accordant la première communion qu'aux seuls enfants parlant le français. »

Auguste Romieu, sous-préfet de Morlaix en 1846. Ces propositions sont reprises par l'inspecteur d'académie Dantzer, en 1903, dans un rapport au conseil général du Morbihan. On notera que ces républicains, généralement laïcs, n'hésitent pas à appeler le clergé à la rescousse quand il s'agit de participer à l'« amélioration de la race bretonne ».

« Merde les Bretonneux ! Je t'en raconterai de jolies sur la bande à Mordrel ! Ô ma Doué ! Mouches et contre mouches. »

Remarque attribuée à l'écrivain Céline en visite à Saint-Malo, vers 1942, par Philippe Alméras (*Les Idées politiques de Céline*), Ami de Célestin Lainé, le mi-Breton Céline connaît bien les milieux autonomistes, dont celui d'Olivier Mordrelle (alias Olier Mordrel) et assure qu'il est souvent infiltré par les renseignements généraux et autres chaussettes-à-clous des polices spéciales…

« Mais en Bretagne, jamais un candidat autonomiste n'avait récolté plus de 25 voix aux élections. Les Bretons, fervents régionalistes, fiers du passé et des traditions de leur province, méprisaient ces tentatives de séparatisme. L'influence politique du mouvement était nulle. »

Jacques Lorraine, *les Allemands en France (Origines, Bretagne, zone interdite est, Bourgogne, Alsace et Lorraine,* novembre 1944. En 2012, les choses ont changé avec l'élection de Paul Molac, un député proche de l'UDB, l'Union démocratique bretonne.

« Le Nantais lui sauta dessus. Vif, il crocheta dans les revers de son veston et, du front, le cogna plusieurs fois en pleine tronche. Il n'eut pas longtemps l'embellie. Ce fut la ruée. Il tint bon. Les gnons s'abattirent. Il voulait pas lâcher. Il continuait à frapper le perdreau à coups de boule… À la Bretonne ! »

Auguste Le Breton dans *Razzia sur la schnouf* (Gallimard, 1954). Dans le Milieu, chez les « hommes », les « vrais », aucun doute n'est permis : Nantes est bien en Bretagne. Et chez ceux qui les traquent, policiers et juges, aussi. D'ailleurs, même dans la carte judiciaire redécoupée en 2007 par la garde des Sceaux Rachida Dati, les treize tribunaux d'instance – y compris de Loire-Atlantique – dépendent toujours de la Cour d'Appel de Rennes.

« Il n'y a pas pour la France de politique bretonne ; il y a une politique française en Bretagne. »

Michel Debré, premier Premier ministre de la Cinquième République, de passage à Rennes, le 1er mars 1960 (cité dans *Ar Vro*, revue d'études, n° 5 mars 1960, p. 70). Notons que Debré voulait dissoudre le Bagad de Lann-Bihoué pour cause d'ordres donnés en breton.

Michel Debré vu par Moisan dans le magazine *Carrefour*, 2 mars 1960

« Sur les murs d'un grand bâtiment qui devait être un presbytère, Richard déchiffra des inscriptions fraîchement tracées à la craie: "Vive les paysans bretons", "Liberté pour nos frères emprisonnés". "Les paysans disent NON", *ainsi que quelques autres en langue bretonne. Non loin du Café anglais, il vit aux fenêtres quelques drapeaux religieux car une Vierge était brodée au milieu, ainsi qu'un drapeau à larges bandes noires et blanches dont il ne comprit pas le sens. »*

Dans l'un de ses quarante romans d'espionnage, *Hargne en Bretagne* (publié aux éditions de l'Arabesque en 1962), Paul Binic (de son vrai nom Maurice Bourgeaux, surnommé aussi Morvan Duhamel) relate les aventures de l'agent de la CIA Richard Gallway et de la belle et blonde Bretonne Gwenola manifestement à l'époque de la révolte des paysans bretons menée par Alexis Gourvennec et ses amis.

« Malgré ses excédents de main-d'œuvre, la Bretagne n'intéresse pas les Américains: mal desservie, elle est trop loin de Paris et des zones peuplées du Marché commun. »

Le Spectacle du Monde, N° 38, mai 1965.

« Les Bretons sont des emmerdeurs, mais ils votent bien. »

Yvon Bourges à Jean Bothorel (cité dans *la Bretagne contre Paris*) se réjouissant des résultats d'élections en faveur de la majorité gaulliste en 1968. En janvier 1969, Bothorel est arrêté pour activités au profit du FLB qu'il racontera dans son autobiographie: *Un terroriste breton* (Calman-Lévy 2001).

« L'autonomisme breton a toujours été la forme bretonne du fascisme. »

Définition du quotidien communiste *L'Humanité*, le 18 janvier 1969, au lendemain du démantèlement de groupes de l'Armée républicaine bretonne (ARB) et du Front de libération de la Bretagne (FLB) en Loire-Atlantique, en Finistère et dans les Côtes d'Armor.

« La Bretagne est devenue une région-pilote pour usines-pirates. »

Henri Hervé, en 1971, dans *Le Nouvel Observateur,* au moment où les syndicats paysans soutiennent les ouvriers en grève du Joint français à Saint-Brieuc.

« Note pour M. Rochet : 15 février 1971.
Vous voudrez bien assurer la coordination du renseignement et de l'action pour toutes les affaires qui concernent l'autonomisme breton. Il faut agir vite. Raymond Marcellin »
À la demande du ministre de l'Intérieur Raymond Marcellin, le patron de la DST va donner le feu vert pour faire sauter la villa de Francis Bouygues, à Rothéneuf-en-Saint-Coulomb, près de Saint-Malo, afin de discréditer les clandestins du Front de libération de la Bretagne (FLB). Lettre manuscrite (publié dans *DST, police secrète* par Roger Faligot et Pascal Krop, Fayard, 1999).

« Notre société se nourrit de stéréotypes, car elle n'est plus capable d'inventer : on ressort les bardes bretons et, bientôt, on aura un Robin des Bois conçu sur ordinateur. On appellera ça le régionalisme. »
Jérome Savary, *Le Monde,* 1973.

« Trois mille pèlerins, une identité factice. »
Jean-Pierre Chevènement, lors d'une manifestation à Nantes pour le rattachement de la Loire Atlantique à la Bretagne en 1999.

« Une commission a été constituée pour accélérer les premiers coups de pioche qui apaiseront les parlementaires de la Loire-Atlantique. »
Apaiser les députés à coup de piolet : ça peut faire mal ! En 2005, Paul Quimper publie une deuxième édition des *Perles parlementaires (le Char de l'État navigue sur un volcan)* qu'il puise dans le *Journal officiel* au fil des débats entre élus de la République.

« La Bretagne est la seule province de France où je n'ai pas eu un seul maire qui ait parrainé ma candidature à l'élection présidentielle en 2007. »
Jean-Marie Le Pen, dans une interview du magazine *Bretons* du 25 avril 2008. Cette interview du dirigeant, dans le même numéro 32 du magazine, fait scandale alors que le président du Front national y réédite ses déclarations sur la Seconde Guerre mondiale. Cette fois : *« J'ai dit que les chambres à gaz étaient un détail de l'histoire de la Seconde Guerre mondiale : ça me paraît tellement évident. »*

PAS UN SEUL MAIRE EN BRETAGNE POUR ME PARRAINER !
...UN DÉTAIL DE L'HISTOIRE !

« La Bretagne compte quatre départements. Magnifiques. À Nantes, on me dit, ici c'est la capitale de la Bretagne. Mais on est en Pays de la Loire ! »

Nicolas Sarkozy, le 27 novembre 2008 devant le congrès des maires. En dépit des critiques hostiles, certains estiment que le président de la République cerne ainsi le problème paradoxal de ce dispositif politico-administratif établi soixante-sept ans plus tôt par le régime de Vichy.

« La Breizh Touch est le complément de la celte attitude : le Breton qui ne l'a pas est un faux Breton, celui qui n'en veut pas est un mauvais Breton, et celui qui n'apprécie pas la Breizh Touch est un jacobin. Le jacobin est l'ennemi du Breton : il est français. Le Français n'a pas la Breizh Touch ; il a une identité faible, quoi qu'en dise Sarkozy, et n'a donc pas lieu d'en être fier. Le Breton, lui, a une identité forte ; il le prouve par la Breizh Touch qui la promeut ; voilà pourquoi il est fier d'être breton. Le Breton qui n'est pas fier d'être Breton n'est pas un bon Breton, et le Breton qui dit que cette bretonnerie labellisée le dégoûte est antibreton. »

Françoise Morvan, «Breizh Touch au grisbi» dans *Libération,* 21 septembre 2007.

« Les Français fonctionnent de plus en plus, eux aussi, en « tribus » quasi sacrées : la famille, les copains, les collègues, les amis de Facebook, les camarades de club ; on se bouscule pour « entrer en loge », on « cultive ses réseaux », on multiplie les « assocs », on soigne son « carnet d'adresses ». Quelques-uns, enivrés, se flattent même d'appartenir à un sous-peuple, qu'il soit basque ou breton, plus rarement auvergnat ou berrichon. Ces frénésies sociales seraient sympathiques si elles n'étaient, en fait, qu'un nouvel égoïsme, un égoïsme à plusieurs, une syndication multiple du peuple… »

Christophe Barbier, dans un éditorial de *L'Express*, 1er septembre 2010. Un sous-peuple ? On croirait Barbier, l'ami de Nicolas Sarkozy et de Carla Bruni, inspiré par la répartie du « socialiste » Georges Frêche traitant les Harkis de « *sous-hommes.* » On note au passage que ces gens qui se flattent d'appartenir à ce « sous-peuple » sont naturellement « enivrés ». Drôle de coïncidence !

« La France s'est créée en détruisant cinq cultures : la bretonne, l'occitane, l'alsacienne, la corse et la flamande. »

Propos de l'ancien Premier ministre socialiste Michel Rocard, lors d'un tête-à-tête avec l'ambassadeur américain Craig Stappleton, le 27 octobre 2005, selon un cable diplomatique US révélé par *Wikileaks* (posté sur le site internet du quotidien belge *Le Soir* en date du 16 février 2012).

Les pierres si renommées de Carnac, vous font faire un détour que vous ne pensiez pas regretter. (Fiez vous donc aux récits des voyageurs!)

Chapitre XI

« Plus superstitieux que les Africains »

« Il n'est point de pays, même en Afrique, où l'homme soit plus superstitieux qu'il est en Bretagne », jure ses grands dieux un fonctionnaire du Directoire à la fin du *XVIIIe* siècle. S'y mélangent des croyances anciennes remontant même à des temps immémoriaux, avant la domination des Celtes, puis des êtres merveilleux ou repoussants – sirènes séductrices ou mauvais génies - gnomes amusants comme les korrigans ou personnages épouvantables comme l'Ankou, la mort qui rôde. La religion catholique, plus tard majoritaire, s'y est superposée et ses prêtres ont astucieusement encensé l'âme bretonne et même sa langue avant que le clergé ne se scinde en deux à la Révolution. Le sabre et le goupillon se sont partagé le travail comme l'explique bien le brave Jean-Marie Déguignet dans ses carnets (*Mémoires d'un Paysan Bas Breton*, Éd. An Here).

Pourtant, à Paris, on a continué à présenter cette équation : Bretagne = obscurantisme. Dans ce cas, comment expliquer qu'au XXIe siècle, cette terre de mission est tellement ouverte sur l'extérieur, travaillée par l'esprit de solidarité et plus hostile aux intolérances que la moyenne des régions de France ?

« Korrigan – En Bretagne, esprit malfaisant, nain ou fée. »
Dictionnaire Larousse.

« [Chez les Bretons], *les rêves dominent; ils vivent au milieu des ombres, des démons, des fées. Il n'est point de pays, même en Afrique, où l'homme soit plus superstitieux qu'il est en Bretagne.* »

Jacques Cambry, président du district de Quimper, établit un rapport sur le Finistère. Il est publié à Paris sous le titre *Voyage en Finistère*, en 1798.

« Hâtons-nous d'ouvrir des écoles primaires; c'est un des crimes de la Convention qu'elles ne soient pas encore établies. S'il y avait eu dans les campagnes, sur le fauteuil du curé, un instituteur national qui commentât le droit de l'homme et l'Almanach du Père Gérard, déjà seraient tombées des têtes des Bas-Bretons, la première croûte de la superstition, cette gale de l'esprit humain; et nous n'aurions pas, au milieu des lumières du siècle et de la nation, ce phénomène de ténèbres dans la Vendée, le Quimper-Corentin et le pays de Lanjuinais, où des paysans disent à vos commissaires: Faites-moi donc bien vite guillotiner, afin que je ressuscite dans trois jours. De tels hommes déshonorent la guillotine; comme autrefois la potence était déshonorée par ces chiens qu'on avait pris en contrebande, et qui étaient pendus avec leurs maîtres. Je ne conçois pas comme on peut condamner à mort sérieusement ces animaux à face humaine; on ne peut que leur courir sus, non pas comme dans une guerre, mais comme dans une chasse; et quant à ceux qui sont faits prisonniers, dans la disette de vivres dont nous souffrons, ce qu'il y aurait de mieux à faire serait de les échanger contre leurs bœufs du Poitou. »

Le 19 mai 1793, Camille Desmoulins, journaliste et un temps « garde des Sceaux », s'en prend violemment aux Bretons et aux Vendéens, citant au passage *l'Almanach du Père Gérard*, bible républicaine qui fait référence à l'image du père Gérard, l'un des rares députés paysans, Breton de surcroît. Moins d'un an après, le 5 avril 1794, Desmoulins finit par s'opposer à la Terreur et sera à son tour guillotiné.

« En qualité de vicaire, il ne serait pas à sa place, vu son infirmité et son mauvais accent (...) : Monsieur Hascoet n'a jamais prôné ni prêché en français; même son accent est insupportable quand il est obligé de lire quelque chose en notre langue. Aussi je me suis tenu strictement à le garder comme vicaire breton de ma paroisse. »

Le père Vincent-Marie Bernicot, curé de Saint-Louis, responsable du clergé à Brest, dans des lettres le 29 mai et 16 juin 1808, se plaignait aussi de ce qu'un autre de ses curés, l'abbé Guino, député de Quimper et ancien membre de l'Assemblée constituante, donnait des noms de baptême étonnants: « Giroflée », « Carotte », « Oignon », « Herse » ou « Rateau »...

« Elle eut un air aussi stupide que peut l'être celui d'un paysan breton écoutant le prône de son curé. »

Honoré de Balzac dans *La Femme de trente ans,* un roman de *La Comédie humaine* qu'il a mis quinze ans à écrire par fragments à partir de 1829.

« C'est en breton qu'on enseigne généralement le catéchisme et les prières. C'est un mal. Nos écoles dans la basse Bretagne ont particulièrement pour objet de substituer la langue française au breton. »

Lettre du préfet des Côtes-du-Nord à l'évêque de Saint-Brieuc et de Tréguier, le 21 novembre 1846.

« Le paysage est désert et nu, merveilleusement adapté à la religion sévère des indigènes. Par le temps de brume ou de pluie qui s'harmonisent si bien partout avec l'âme du sol breton, ce décor mélancolique prend un caractère de tristesse plus grandiose et plus enveloppante, mieux propre à exalter le mysticisme des imaginations celtiques. »

Reportage du journaliste Rémy Saint-Maurice dans *L'illustration,* 1898.

« Les prêtres bretons veulent tenir leurs ouailles dans l'ignorance en s'opposant à la diffusion de l'enseignement et en n'utilisant que la langue bretonne dans les institutions religieuses et le catéchisme. Les Bretons ne seront républicains que lorsqu'ils parleront le français. »

Émile Combes, Président du Conseil, auteur du décret, en 1902, interdisant l'emploi du breton en chaire et dans les catéchismes.

« Nulle inscription, nul signe, si ce n'est peut-être sous les pierres renversées de Loc Maria Ker, encore si peu distincts, qu'on est tenté de les prendre pour des accidents naturels. Si vous interrogez les gens du pays, ils répondront brièvement que ce sont les maisons des korrigans,

des courils, petits hommes lascifs qui, le soir, barrent le chemin, et vous forcent de danser avec eux jusqu'à ce que vous mouriez de fatigue. »

L'historien Jules Michelet, dans son ouvrage *Notre France,* consacre un grand chapitre à la Bretagne en 1886.

« Il n'est pas de meilleurs chrétiens que cette crapule de Bretagne; il n'en est pas de plus réfractaire à la civilisation. Idolâtre, fesse-Mathieu, lâche, sournois, alcoolique et patriote, le cagot armoricain ne mange pas, il se repaît; il ne boit pas, il se saoule; ne se lave pas, il se frotte de graisse; ne raisonne pas, il prie, et, porté par la prière, tombe au dernier degré de l'abjection. C'est le nègre de la France, cher aux noirs ensoutanés qui dépouillent à son bénéfice les véritables miséreux.

Car pour venir à l'aumône juteuse, à l'estaminet, il n'est aucunement utile d'être dans le besoin, mais bien de plaire à la congrégation et à ses affidés. Les costumes d'opéra-comique font le reste; c'est la collecte pour le pardon de Ploërmel. »

Laurent Tailhade, éditorial de *L'Assiette au Beurre, n°* 131, *Le Peuple noir, la Bretagne,* 3 octobre 1903.

« Si rares que soient les préfets, les magistrats, les fonctionnaires républicains, il doit s'en trouver assez pour entreprendre la colonisation de la Bretagne (...). La révolte a assez duré. Il y va de l'honneur et de la sécurité de la République. Les cléricaux bretons nous provoquent. Tapons dessus, de toute la rigueur des lois, de tous les poings des gendarmes. Les Bretons n'ont rien compris à la grandeur des idées républicaines; qu'on leur fasse voir à leurs dépens que la République est du moins assez forte pour se faire respecter!

Le journal *La Lanterne* (1902-1905) que l'anticléricalisme rend vivement anti-breton. On note que le même argument repris décennie après décennie ne s'appliquera pas à l'Alsace même quand celle-ci, après 1918, aura regagné le giron de « la France de l'intérieur », comme on dit là-bas.

« Les principaux défauts de la race bretonne sont la malpropreté, la **superstition** *et l'ivrognerie. »*

Henri Busson dans son *Manuel de géographie à l'usage des lycées,* 1929.

« Le Breton a partout le même caractère : très opiniâtre, très attaché à ses vieilles coutumes et à sa foi catholique et fort superstitieux, il est peu porté vers l'instruction et l'industrie. »

Larousse du XXe *siècle*, article *« Breton »* en 1939.

« MORGANS OU MARY-MORGANS : sirènes de Bretagne. Elles ne répondent pas quand on leur parle. Si on les trouve échouées sur la plage, il faut les remettre doucement à l'eau ; elles vous récompensent en exauçant vos souhaits. Mais si on touche leurs mains ou leurs cheveux, on leur appartient à jamais et elles vous entraînent dans le palais rouge et or de la reine des morgans, au fond de l'océan. »

Dictionnaire du diable et de la démonologie, de Julien Tondriau et Robert Villeneuve, (Marabout, 1968).

« Comme la vérole sur le bas clergé (breton). *« Brutalement, soudainement ». L'expression se veut plus plaisante que désobligeante ; elle renvoie cependant à l'origine, à travers un anticléricalisme aujourd'hui désuet, à une triple dévalorisation, morale* (vérole, maladie « honteuse »), *sociale* (« bas clergé ») *et géographique* (breton). »

Dictionnaire du français parlé, de Charles Bernet et Pierre Rézeau (Point-Virgule, Seuil, 1989).

« Le mollah Omar est une sorte de curé bas breton à qui le Christ serait apparu pendant la nuit. C'est un plouc mystique. Ben Laden, c'est un dirigeant de PME à l'occidentale, sophistiqué. »

Olivier Roy, directeur de recherche au CNRS, dans *Le Monde* du 8 décembre 2001. On se pose la question : à l'égard de qui cet universitaire est-il le plus désagréable ? Du mollah Muhammad Omar, chef des Talibans, qui aurait échappé à la soldatesque américaine en vélomoteur en 2003 ? Ou à l'égard des petits curés de basse Bretagne ? Dix ans plus tard, le « plouc mystique » court toujours. Il est même en passe de gagner la guerre de guérilla en Afghanistan, tandis que le « dirigeant de PME », caché au Pakistan a, selon l'administration Obama, été tué par les Forces spéciales américaines.

Cependant vous arrivez à Auray en passant par Vannes, toujours à la recherche du pittoresque.

Paris. Au Bureau du Journal Amusant rue Bergère 20.

Chapitre XII

« Du bruit dans Landerneau »

« Du bruit dans Landerneau », c'est une réplique d'une pièce du « théâtre de boulevard » de l'époque de la Révolution française. Le dramaturge Alexandre Duval a définitivement nimbé Landerneau et son pont habité de bruit et de fureur, la rendant célèbre à travers toute la France. Les villes bretonnes sont toujours source de cocasserie ou d'émerveillement. Deux siècles après, c'est un poète anarchiste qui fait pleuvoir des tombereaux de nostalgie sur Brest, déjà meurtrie par les bombes : *« Rappelle-toi Barbara »*. Qu'importe !

C'est l'occasion d'effectuer un petit voyage à travers toute la Bretagne, un *Tro Breizh* des citations concernant ses villes. Des villes qui ont souvent capturé l'imagination des poètes, des écrivains, des dramaturges. Qu'il pleuve, qu'il vente, que la mer se déchaîne ou que déjà elle se repose caressant tendrement le rivage. Tandis qu'un soleil rouge s'en va couchant.

« Aboue e beuzet Ker Is
N'eus ker ebet par da Paris.
Depuis l'engloutissement de la ville d'Ys
Point de ville pareille à Paris. »

Dicton breton.

« Ventre Saint-Gris, si je n'étais roy de France, je voudrais être bourgeois de Vitré. »

Henri IV, de passage à Vitré le 16 mai 1598, à son retour de Nantes où il vient de promulguer le fameux traité qui signe la paix entre catholiques et protestants. Il témoigne ainsi de la richesse inouïe des commerçants du « canevas », la toile de chanvre, réunis dans la Confrérie des marchands d'Outre-mer, dont Pierre Malherbe, premier voyageur autour du monde à cette époque, est le plus célèbre.

« Les plaidoyers sont assez beaux et en françois élégant, étant vrai que Vannes est la ville, non seulement en Bretagne, mais même en France, ou l'on parle mieux françois, et où, jusques aux servantes et gens de basse étoffe, ils parlent trop bien. »

Dubuisson-Aubenay, *Itinéraire de Bretagne,* d'après le manuscrit original de son voyage en 1636.

« Je voyais de ma chambre la mer et le mont Saint-Michel, ce mont orgueilleux que vous avez vu si fier et qui vous a vue si belle. »

Toujours aussi modeste, la marquise de Sévigné, si c'est d'elle qu'elle parle ou bien de sa fille Madame de Grignan à qui elle envoie cette lettre de Dol-de-Bretagne, le 9 mai 1689. Elle a dit bien pis que pendre, comme on l'a vu, au moment de la révolte des Bonnets rouges quinze ans plus tôt.

« La ville de Brest doit être regardée, Monseigneur, comme une colonie nouvelle, dont la plupart des habitants sont des provinces éloignées, et qui, par leurs emplois dans la marine et leurs métiers pour ce service, ont été attirés dans Brest et s'y sont établis. La plupart des habitants de Brest, étant attachés véritablement à la marine, les ouvriers travaillant dans le port, sont la partie la plus nombreuse des habitants, sont extrêmement pauvres, ayant à peine une paillasse pour se coucher (...). La science de l'écriture qu'on apprend dans ces écoles [élémentaires] *ne sert qu'à détourner les élèves de la marine et du métier de leurs pères, ce qu'il faut éviter dans un port tel que Brest. »*

L'intendant de la Marine à Brest écrit au ministre de la Marine, en 1724, cité par le professeur Yves Le Gallo (du CRBC) dans *Brest, le Léon, le Finistère, la basse Bretagne,* communication au 107e congrès national des sociétés savantes, à Brest le 5 avril 1982.

« Sa mort a fait du bruit dans Landerneau. (...) Je sais que dans notre petite ville de Landerneau, en voilà au moins pour huit jours de conversations. Toutes nos commères vont arranger cela à leur manière. (...) La ville n'est point belle ; eh bien ! Vous me croirez si vous voulez, les habitants sont pires que la ville. Ils sont laids, médisants, bavards. »

Extraits des scènes II et III de la comédie en un acte d'Alexandre Duval, *Les Héritiers, ou le naufrage*, qui se situe dans un château à Landerneau (Finistère) et qui sera jouée pour la première fois au Théâtre-Français, à Paris, le dimanche 27 novembre 1796. Ces répliques sont à l'origine de l'expression *« Cela fait du bruit à Landerneau »*, souvent dénaturée hors Bretagne en donnant des expressions absurdes du genre : *« Cela fait du bruit dans le landerneau politico-médiatique ! »*.

« Combourg. Le pays a un aspect sauvage ; la culture n'est pas beaucoup plus avancée que chez les Hurons, ce qui paraît incroyable au milieu de ces terrains si bons. Les gens sont presque aussi sauvages que leur pays, et leur ville de Combourg est une des plus ignoblement sales que l'on puisse voir. »

Trait de plume de l'écrivain anglais Arthur Young dans son *Voyage en France* (1787-1789). Suite à son voyage en Irlande, en 1780, Young, en fidèle sujet de la couronne britannique n'était pas plus amène pour les Celtes de l'île d'Émeraude, *« ces Irlandais, ivrognes, bagarreurs, voleurs... »*

« Brest n'a point d'esprit public : c'est une colonie de marchands et de petits négociants et d'étrangers qui ne font que passer... L'amour de l'argent y est porté à l'excès et occupe exclusivement les esprits. »

Lettre du général Gouvion à Bonaparte, en 1803.

« La Révolution française a retenti jusqu'en Pologne ; un courrier nous apprendra peut-être bientôt que la Chine elle-même s'en agite : pourquoi la basse Bretagne n'en éprouverait-elle pas quelques effets ? Car, dans l'opinion de bien des gens, Canton n'est guère moins éloigné de Paris que Quimper-Corentin. Or il y a du vrai dans cette croyance que j'ai partagée longtemps, quoiqu'à demi bas Breton. Je la partagerais encore tout entière si je n'eusse été envoyé dans ce pays, comme pour me convaincre

par mes propres yeux que Quimper-Corentin est une ville raisonnablement garnie de gardes nationaux pleins de zèle, qu'on y compte une majorité respectable de patriotes très éclairés, et que le Huron de Voltaire aurait peine à s'y reconnaître aujourd'hui. »

Auguste Romieu évoque « *les effets de la révolution de juillet* » (1830) sur la Bretagne dans *La Revue de Paris*, tome XXII, 1831.

« Rien de sinistre et de formidable comme cette côte de Brest ; c'est la limite de l'extrême, la pointe, la proue de l'ancien monde. »

Encore en 1831 : l'historien Jules Michelet voyage en Bretagne. La « proue de l'ancien monde » est pour une fois une expression qui tranche l'habitude française de parler de Finistère (*Finis Terrae* : la fin de la terre) alors que les indigènes parlent de *Penn ar Bed*, le début du monde. D'où deux conceptions très différentes et des incidences considérables dans les deux siècles qui suivent, jusqu'à nos jours, dans l'aménagement du territoire et ses schémas centralisateurs.

« Je reviens de Fougères. Je veux absolument que vous voyiez Fougères. Figurez-vous une cuiller… La cuiller, c'est le château ; le manche, c'est la ville. Sur le château rongé de verdure, mettez sept tours, toutes diverses de forme, de hauteur et d'époque ; sur le manche de ma cuiller entassez une complication inextricable de tours, de tourelles, de vieux murs féodaux… Attachez ce château de cette ville et posez le tout en pente et de travers dans une des plus vertes et des plus profondes vallées qu'il y ait. Coupez le tout avec les eaux vives et étroites du Couesnon sur lequel jappent nuit et jour quatre ou cinq moulins d'eau. Faites fumer les toits, chanter les filles, crier les enfants, éclater les enclumes ; vous avez Fougères ; qu'en dites-vous ? »

Victor Hugo envoie ce courrier de Saint-Malo à son ami Louis Boulanger, en 1834. Fougères, lieu de naissance de sa maîtresse Juliette Drouet, jouera un rôle important dans son roman sur les Chouans, *Quatrevingt-treize*.

« Ah ! cette mer est méchante,
Et l'affreux vent d'ouest qui chante
En troublant l'eau,
Tout en sonnant sa fanfare,
Souffle souvent sur le phare
De Saint-Malo. »

Victor Hugo, *Les Paysans au bord de la mer,* dans *La Légende des siècles.* C'est en 1854, que l'exilé de Jersey compose ce poème, comme souvent fasciné par le « gouffre bleu » changé « en gouffre d'ombre » par Dieu « par qui l'esquif vogue ou sombre ».

J'aime mieux la traversée de Belle-Ile à Lorient.

« Rennes était en ce temps-là une ville rétrograde qui résistait au progrès. On avait fondé une entreprise d'omnibus qui était morte toute jeune (...). Baignant le pied de ses maisons grises dans des eaux dormantes et troubles de l'humble rivière la Vilaine, Rennes peut à peine montrer une église passable, un palais... »

Le romancier Paul Féval dans son livre *Bouche de Fer* décrit l'une des deux « capitales » bretonnes qui fait grise mine (1862).

Concarneau : *« La ville est ceinte de murailles dont à marée haute la vague vient battre la base, les mâchicoulis sont encore intacts comme au temps de la reine Anne, et la ligne des pierres dentelées s'allonge sur les remparts, droite et basse, en se découpant dans la brume. »*

Gustave Flaubert, *Par les champs et les grèves.* (1880)

« Les pierres de Carnac sont de grosses pierres. »

Gustave Flaubert, *Par les champs et les grèves.* (1880)

« Nantes est un demi Bordeaux moins brillant, plus sage, mêlé d'opulence coloniale et de sobriété bretonne. »

L'historien Jules Michelet dans son ouvrage *Notre France* consacre un grand chapitre à la Bretagne en 1886.

« Landerneau, la ville de célébrité comique qu'on oppose à Paris, la ville universelle, comme un exemple de stupidité provinciale. »

Le célèbre géographe Onésime Reclus, *À la France,* 1902.

« La plage de Penmarch fait peur. C'est bien ici que les naufrageurs devaient attirer les vaisseaux perdus, en attachant aux cornes d'une vache, dont la patte était entravée pour qu'elle boitât, la lanterne trompeuse qui simulait un autre navire. »

Guy de Maupassant, *En Bretagne* dans la *Nouvelle Revue,* 1er janvier 1884.

« À l'autre bout, c'est Brest, le grand port militaire, la pensée de Richelieu, la main de Louis XIV ; fort, arsenal et bagne, canons et vaisseaux, armées et millions, la force de la France entassée au bout de la France. »

L'historien Jules Michelet dans son ouvrage *Notre France* consacre un grand chapitre à la Bretagne en 1886.

« Laborieux, habiles à tirer parti du moindre lopin séculairement fécondé par leur travail, âpres au gain, surtout, ils tranchent au milieu d'une race en général indifférente à l'argent, pourvu qu'elle ait le strict nécessaire sous la forme peu succulente de bouillie d'avoine. Les "Plougastel", qui ont reconnu, peut-être inconsciemment, les défauts du code Napoléon, titre des "partages", se marient toujours entre eux, pour conserver autant que possible le même avoir dans les mêmes familles, et sont aussi retors en affaires que leurs voisins le sont peu : c'est un clan bien à part en Finistère. »

Reportage spécial de *L'Illustration* en 1897 sur les mariages collectifs à Plougastel-Daoulas.

« J'aime à Bénodet dans l'église
Notre Dame de Pitié,
Moitié Bleue et moitié cerise. »

Blessé sur le front en 1917, Guillaume Apollinaire écrit ce poème à son ami Jacques Doucet, à propos de la ville dans laquelle il est convalescent (cité par Jean-Yves Paumier, *La Bretagne pour les nuls* [2011]).

« Il ne pleut pas toujours à Brest. Je pense qu'il ne pleut pas plus à Brest que dans le Nord ou dans l'Île-de-France, mais ici, la pluie chaude et douce, familière et purificatrice est honorée comme une petite divinité païenne qui sentirait le muguet. »

Mac Orlan, dans *Brest* (1926) republié en 2009 par les éditions Terre de Brume.

« Un vent violent balaie la rue. Éclairage glauque. Volets qui claquent. Tourbillons de poussière. Larges gouttes d'eau.
Et voilà la rue sous une pluie battante, sous un ciel dramatique !
Concarneau changeait à vue d'œil. »

Georges Simenon, *Le Chien jaune* (Fayard, 1936). En réalité l'inspecteur Maigret, alors basé à la police judiciaire de Rennes, tout comme Simenon qui y réside parfois, aime bien cette ville bretonne et il écrit à la fin du roman : *« Il ne faut qu'un rayon de soleil pour transformer Concarneau, car alors les murailles de la vieille ville, lugubres sous la pluie, deviennent d'un blanc joyeux, éclatant. »*

« Rappelle-toi, Barbara, il pleuvait sur Brest ce jour-là. »

Jacques Prévert, d'origine nantaise, a imposé à tout jamais une image lugubre du port du Ponant dévasté par les bombardements de l'aviation US en 1944, maudissant la guerre, en bon anarchiste qu'il est. « *Barbara* » était le nom de Résistance de son amie, Annie Hervé, l'épouse du communiste dissident, le député du Finistère Pierre Hervé.

Le tableau représentant Annie Hervé par Pierre Quidu, Lorient 1951 (coll. particulière).

« Sauf ce que la Penfeld et la mer limitent, des remparts très épais entourent la ville de Brest. Ils se composent d'un fossé profond et d'un remblai. Le remblai – côté intérieur et côté extérieur – est planté d'acacias. À l'extérieur de la ville un chemin le longe où Vic fut assassiné et abandonné par Querelle. Le fossé est encombré de broussailles, de ronces, et par place, de joncs sur des marécages. On y déverse des tombereaux d'ordures. L'été, et jusqu'à l'automne, tous les marins descendus à terre pour un soir, s'ils ont loupé pour rentrer à bord, la dernière vedette – de 22 heures – vont y dormir en attendant celle de 6 heures du matin. »

Tout comme Prévert a immortalisé Brest avec le visage de Barbara, au même moment Jean Genet, avec *Querelle de Brest* (Gallimard, 1951), fait de la cité du Ponant le terrain de jeu des amours cruelles entre hommes, entre marins. « *L'idée de meurtre évoque souvent l'idée de mer, de marins* », sont les premières lignes du roman de Genet.

« Mille sabords ! » « Tonnerre de Brest ! »

Célèbres imprécations du capitaine Haddock que l'on voit apparaître pour la première fois dans l'aventure de Tintin et Milou *le Crabe aux pinces d'or* publié en 1940. L'écrivain et libraire Émile Brami a mis en évidence qu'Hergé s'était inspiré dans ces jurons du demi Breton Louis-Ferdinand Céline et de son livre *Bagatelles pour un massacre* (1938). [Voir Émile Brami, *Céline, Hergé et l'affaire Haddock,* Écriture, Paris, 2004]. Quant à l'origine de l'injure, elle fait référence selon les sources aux coups de canon à Brest lorsque des prisonniers s'évadaient du bagne de Pontaniou.

« Au grand Casino de Plougastel
J'ai dit adieu d'un ton amer
Car j'ai pris la mer la mer démontée
Oh ! pas pour m'exiler !
Moussaillon d'la Marie Thérèse
Nuit et jour je pêche le thon
Et tout ce thon me f'ra des ronds
Pour m'acheter un chapeau rond Breton ! »

En 1960, chanson de Charles Olejniczak, compositeur plus connu sous le nom de Charly Oleg, qui fit les beaux jours de l'émission « Tournez manège » à la télévision. L'auteur Henri Genebes est en fait Henri Genes (réédité en 2010 chez EMI Music).

« Ayant entendu dire à Saint-Malo : "C'est un supplice de Cancale de ne pouvoir rentrer dans le ton. »

L'Album de la Comtesse du *Canard enchaîné* (Jean-Jacques Pauvert, 1967).
Pour les lecteurs qui auraient des doutes : c'est une double contrepèterie.

« Et, c'est pas comme demain, en l'an de l'an dix mille
Lochu tu t'en souviens, c'était beau dans c'temps-là
La mer dans les soleils avec ou bien sans quille
Un bateau dans les dents, des étoiles dans la voix.
Et quand on s'rencontrait avec nos galaxies
Ça faisait un silence à vous mourir d'envie
Et les soirs d'illusions avec la nuit qui va
Dans Brest et dans Lorient on pleure et on s'en va
Lochu, l'an dix-mille.
Tu t'rappelles ! Lochu, l'an dix mille. »

Léo Ferré, dans sa chanson *Les Étrangers*, en 1972, rend hommage à son copain anarchiste et breton René Lochu qu'il avait rencontré en 1968.

« Hors période estivale, Concarneau est une ville plutôt calme. Excepté quelques marins en bordée, les rues sont quasiment désertes. J'ai réussi à trouver un restaurant ouvert où je me suis tapé un plateau de fruits de mer avec du muscadet. Ensuite je suis allé me balader. Soir d'avril à Concarneau. Pas vraiment gai passé 22 heures. Un vent froid venu du large pose de l'humidité partout. On se croirait dans une cité interdite à l'heure du couvre-feu. »

Pascal Mazzini (pseudonyme), *Dérive,* éditions du Rocher, 1997. Argument du roman de ce journaliste de Canal+ : « Un port en Bretagne, un embarquement à bord d'un chalutier ; une manifestation qui tourne mal, un camp secret de l'IRA quelque part sur une île de la mer du Nord… Yan Louzaouen, journaliste désabusé, donne sa démission et compte bien tirer un trait sur les années passées. Il ne sait pas qu'en signant son départ du journal, il va être entraîné, peut-être malgré lui, dans une spirale de violence et de mort. »

ブレストの泣く
城壁よ西のかぜ

(Buresuto no naku
jôheki yo nishi no kaze)

À Brest
muraille en pleurs
vent d'Ouest

E Brest
Mogeriou o lenva
Avel gornog

Haïku du poète japonais Ban'ya Natsuishi dans un ensemble appelé *Pèlerinage en Bretagne,* en 1998. Il a été rédigé à l'issue d'un séjour à Brest sur invitation du spécialiste breton du haïku, Alain Kervern. Ce dernier et Rozen Milin ont traduit ce poème en français et en breton.

« Vous iriez voir un médecin qu'on a forcé à aller à Morlaix ? »

Lorsqu'il évoque une ville « repoussoir », le président Nicolas Sarkozy, candidat au renouvellement de son mandat pense spontanément à une cité de Bretagne, lors de l'émission « Capital » sur M6, le 18 mars 2012.

MAIS IL EST MALADE, CE MEC!!

Che Guevarec'h.

CHAPITRE XIII

« Les poissons de la mer parle breton »

« Les poissons de la mer parle breton ». L'erreur de conjugaison rend encore plus surréaliste la phrase de Jack Kerouac. En français dans le texte américain à la fin de son roman *Big Sur.* Elle ouvre ce dernier chapitre en forme de clin d'œil. Si les Français, les Parisiens, et même des Bretons n'ont pas toujours été tendres avec leur pays, de lointains étrangers en ont donné un reflet bien différent.

Tel l'Ingénu de Voltaire, au fond l'ancêtre de Kerouac – mi-breton, mi-américain – qui avait un regard plus candide et plus affectueux sur le vieux pays celte. D'autant qu'il est tombé amoureux d'une belle Bretonne.

Dans cet ultime chapitre, qui est loin d'être terminé, voici le point de vue de ces étrangers, touristes et autres… C'est un regard dépassionné que posent ces visiteurs d'espoir sur la Bretagne, en voyageant sans préjugés. Ou en tout cas pas forcément avec les idées reçues telles que nous venons de les parcourir.

« Les Léonards ont des traits accentués comme les Gallois, avec la même attitude à la fois énergique et nonchalante ; leurs corps sont forts, larges, carrés d'épaule. À première vue on s'aperçoit que ce sont des gens absolument distincts des Français. »

L'écrivain anglais Arthur Young voyage en Bretagne en 1788 et consigne ces remarques dans son *Journal.* Cité avec d'autres phrases sur les murs du musée du Léon à Lesneven, ce qui prouve que les Bretons ont le sens de l'autodérision.

« À l'approche de la frontière des bas Bretons, je m'attendais à voir d'un instant à l'autre des êtres suprêmement surnaturels et primitifs, à mi-chemin entre les Esquimaux et les Hottentots, une sorte de condensé de tout ce que les deux hémisphères ont de plus caractéristique.
J'en étais ainsi à chercher des yeux mes cousins bretons, vêtus de leurs peaux de bêtes et arborant leur anneau au nez, m'efforçant d'imaginer le beau idéal *ès haillons et mendiants qui m'attendait, lorsque j'entends mes premiers mots de breton près Chateaulaudrin. Quelle ne fut pas ma déception en constatant que manquaient les cris de guerre et les wigwams tant attendus !*
(...) La vérité est que les bas Bretons, dans cette contrée, loin d'être de vrais sauvages comme ces Parisiens voudraient nous le faire accroire, vivent au contraire dans des chaumières aussi confortables que celles des gens de leur classe dans le reste de la France et apparemment aussi bien bâties que celles des petits fermiers de maint comté anglais. »

Le pasteur Thomas Price voyage en Bretagne en 1829 et publie *Tour through Brittany, made in the Year 1829,* Londres 1854. (Traduit et publié par J.-Y. Le Disez, *Étrange Bretagne. Récits de voyageurs britanniques en Bretagne (1830-1900),* Presses universitaires de Rennes, 2002.

« Mon cher petit, c'est à toi, bon petit habitant de l'excellente Bretagne, que je dédie l'histoire de ces deux nigauds qui préfèrent Paris à la campagne. Tu ne feras pas comme eux, car déjà Paris t'ennuie et la Bretagne te plaît. Reste toujours brave et loyal Breton, et garde-toi de devenir un Parisien frivole, moqueur, vain et inconstant. »

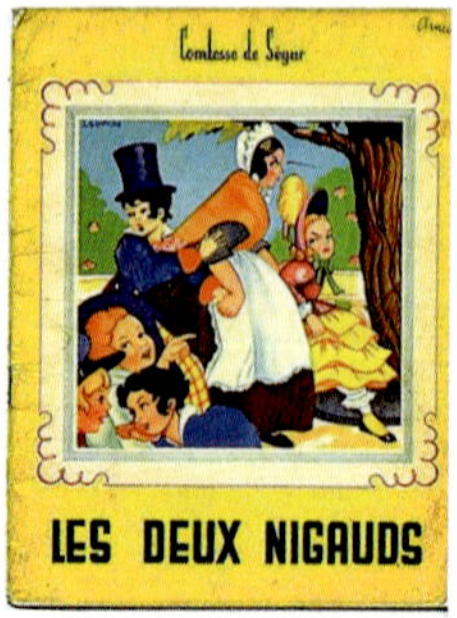

La comtesse de Ségur, née Rostopchine, à son petit-fils Armand Fresneau, dans l'exergue qu'elle lui consacre dans son roman *les Deux nigauds* (1863). Installée à Plunevet, la comtesse russe déclare ainsi son amour de la Bretagne.

« La Bretagne, avec ses côtes de granit et ses îles rongées par les flots, renferme une population courageuse de marins. »

Le Tour de France par deux enfants, cours moyen par G. Bruno, écrit en réalité par Augustine Fouillée, est devenu un ouvrage répandu dans toutes les écoles de la Troisième République.

« M. Gérault-Richard, rédacteur en chef de La Petite République*, s'éleva avec une extrême vigueur contre le fait qu'on puisse tolérer plus longtemps l'usage de cette langue en Bretagne. Sur cette question, il manifestait une intransigeance à tout crin ; en revanche, sur le problème des socialistes qui acceptent des faveurs et des pots-de-vin des mains de ministres capitalistes, il était la souplesse faite homme. »*

Le socialiste irlandais James Connolly, fusillé en 1916 pour avoir dirigé le soulèvement de Pâques contre la Grande-Bretagne, défend ainsi la langue bretonne, comme sa cousine gaélique (*The Workers'Republic,* mars 1903). Quatre ans plus tôt, il donnait son sentiment : *« Je crois que la mise en place d'un langage universel pour faciliter la communication entre les peuples est une chose hautement souhaitable. Mais je suis également enclin à penser que ce résultat souhaitable sera atteint plus tôt s'il résulte d'un libre accord entre les peuples selon lequel ce langage commun serait enseigné dans toutes les écoles primaires en plus du langage national que si l'on s'efforce de détruire les moyens d'expression nationaux existants. »* (*The Workers'Republic,* 2 décembre 1899).

Ты номнишь ? В нашей бухте сонной
Спала зеленая вода

T'en souvient-il ? Dans la baie somnolente
L'onde verte dormait,
Quand en ligne de file
Les vaisseaux de guerre sont entrés. (...)

Il nous faut si peu en ce monde
À nous deux qui sommes des enfants.
Le cœur est prêt à bondir de joie
Au moindre nouvel événement.

Ведь сердце радоваться радо
И самой малой новизне.

Né à Saint-Pétersbourg en 1881, Alexandre Blok a écrit ses premiers poèmes à l'âge de cinq ans. Celui-ci est rédigé lors d'un séjour à l'aber Wrac'h (Finistère), le 6 février 1914. On dit que Blok est mort de désespoir en 1921, parce que la révolution russe qu'il avait souhaitée n'avait pas apporté ce qu'elle avait promis.

« La révolte bretonne de 1675 n'a pas seulement servi d'une certaine base de départ à la tradition révolutionnaire qui aboutit à 1789. Sous bien des rapports, elle continuait et développait une autre tradition révolutionnaire, celle des révoltes de paysans bretons contre les seigneurs aux XVᵉ et XVIᵉ siècles. »

Un autre Russe : en 1940, l'historien soviétique Boris Porchnev dans son livre sur la révolte bretonne livre une explication très différente de celle des historiens français quant à l'origine de la Révolution qui renverse Louis XVI (publié en France en 1975, sous le titre *Les Bonnets rouges,* avec un autre texte de l'historien Arthur de la Borderie, éditions 10/18).

« La France qui est ordinairement plus que libérale dans la plupart des cas, interdit néanmoins l'enseignement du breton dans les écoles de Bretagne ; même les lettres dont l'adresse est rédigée en breton sont renvoyées à l'expéditeur par les autorités des postes françaises avec l'inscription : "Adresse en breton interdite"*. »*

Le linguiste italo-américain Mario Pei, chapitre VIII de *The Story of Language*, Londres, 1957, chapitre «l'Intolérance linguistique».

« Je ne peux penser qu'à une seule nation européenne qui est aussi mal gouvernée que ne l'est le pays de Galles, et il s'agit du peuple de Bretagne où le gouvernement français essaie de détruire une nation. »

Premier discours du député gallois Gwynfor Evans (1912-2005), à la Chambre des Communes, le 26 juillet 1966. Evans fut pendant trente-six ans le président du parti nationaliste gallois, le Plaid Cymru.

« Il paraît qu'au vieux Québec
eux aussi sont sur la piste.
Ils font fondre les Créditistes
pour en faire des Séparatistes.

Ils ont des chapeaux ronds
Vive la Bretagne,
Ils ont des chapeaux ronds,
Vivent les Bretons

Il paraît qu'en Alberta
ils ont trouvé un truc comme ça.
Ils font fondre les Québécois
pour en faire de la soupe aux pois. »

Variation québécoise (et politique) des *Chapeaux ronds* avec le refrain dans les années 1970. Certains y voient les influences armoricaines dans la Belle Province...

« Ce poltron de Breton (moi) dégénéré par les deux siècles passés au Canada et en Amérique ! Personne n'est fautif, sauf moi, ce Kérouac dont tout le monde se gausserait sur les terres du prince de Galles, parce qu'il n'est même pas capable de chasser ou de pêcher, ou de se battre pour ses pères, ce vantard, ce péquenot, ce dévoyé roué, qui fait le Jack au cognac, cette outre pleine d'humeurs, comme le disait Shakespeare en parlant de Falstaff, ce piaffe de Falstaff plus que paf, en carafe, qui n'est même pas un prophète, encore moins un chevalier, cette tumeur morte de peur à l'idée de la mort, avec des tumescences plein la salle de bains, ce serf évadé des terrains de foot, cet artiste radié, ce vil voleur veule, ce braillard des salons de Paris qui avale sa langue dans la brume bretonne... »

L'écrivain Jack Kerouac, *Satori à Paris,* Gallimard, 1971 (Profitons-en pour recommander le livre d'Hervé Quéméner et Patricia Dagier, *Kerouac, Breton d'Amérique,* Éditions An Here).

« Les poissons de la mer parle Breton
Mon nom es Lebris de Keroack
Parle, Poissons, Loti, parle
Parlning Ocean sanding
crash the billion rocks. »

Jack Kerouac ajoute ce poème *La Mer* au roman *Big Sur* (1962), dans lequel le héros Jack Duluoz ou Ti'Jean n'est autre que l'auteur. Il fuit l'existence mouvementée des années précédentes à San Francisco, se réfugie au bord de la mer, à Big Sur. Dans *Satori à Paris,* il dira avoir choisi le nom de Duoloz à cause de Daoulas, mais une autre fois à cause de Dédale, l'un des héros du roman de James Joyce, *Ulysse.*

« Mais Lomm L'Hegaret ne s'en souciait plus depuis longtemps. Plusieurs fois, au cours de son existence, il avait entendu passer la charrette brinquebalante de l'Ankou, mais jamais ça n'avait été pour lui.
Chaque soir, après ses tournées de hameau en hameau, à quémander quelques sous, ou une vague pitance, Lomm regagnait sa maison du cimetière de Ken Avo. Ses seuls compagnons étaient les morts. Il lui arrivait de leur parler. Et il arrivait aussi qu'ils lui répondent. (...)
Chez Lomm L'Hegaret, la curiosité l'emporta sur la peur. Il voulut savoir ce que ces deux hommes faisaient là, dans ce cimetière où plus personne ne venait jamais.
« Il avait assuré le penn-baz *à son poing et, courbé, il était sorti du reposoir. Il avait cessé de pleuvoir. La terre humide se moulait à la plante de ses pieds nus et amortissait le bruit de ses pas.*
Lomm L'Hegaret s'était coulé sur les traces de Bob Morane et de Bill Ballantine. »

L'écrivain belge Charles-Henri Devismes, alias Henri Vernes, a ravi les ados depuis 1953 avec les aventures de ses héros Bob Morane et Bill Ballantine (ici *L'Ombre jaune et L'Héritage du Tigre,* 1979). Ses héros sont celtes : inutile de préciser que Ballantine, l'amateur de whisky, est écossais. Le journaliste agent secret Bob Morane est orphelin de parents bretons et a hérité du cimetière de Ken Avo où se déroule cette scène.

« Petra dalvez evidon-me studiañ ha komz brezhoneg ?
Reiñ mezh d'ar Vretoned na gomzont ket brezhoneg.
À quoi me sert-il d'apprendre le breton ?
À faire honte aux Bretons qui ne le parlent pas. »

Noguchi Makoto, né en 1947 à Fukuoka, alors étudiant japonais, licencié de breton à la section celtique de la faculté de lettres de Rennes (cité dans la revue *Al Liamm*, mai-juin 1972). Auteur de plusieurs livres en breton dont *Marvailhoù ar Sav-Heol* (Contes de l'Orient, 1991).

« Vladislav était un peintre qui avait connu son heure de gloire dans les années trente (...). Il commença par raconter comment il avait pratiqué la nécrophilie en Bretagne par un jour d'orage et comment il ne pouvait peindre que les pieds nus et reniflant un mouchoir imbibé d'absinthe et comment à la campagne après des pluies d'été il s'asseyait dans la boue tiède pour reprendre contact avec la mère nature et comment il mangeait de la viande crue qu'il mortifiait à la manière des Huns ce qui lui donne une saveur incomparable. »

Voilà une vision surréaliste, et hors des sentiers battus, de Georges Perec dans son roman *La Vie mode d'emploi* (Hachette-littérature, 1979).

« Nous vivions de manière illégale. Nous sommes d'abord arrivés en juin (1933), où nous avons habité dans l'appartement de la famille Sadoul, le fameux critique de cinéma communiste, qui avait aussi une maison à Bréhat, où sa femme vivait avec leur fille avec laquelle j'eus un flirt d'enfant.
Notre séjour à Bréhat ressembla presque à des vacances ! Nous vivions, mon frère et moi, comme des Robinson. C'était l'été, le bord de la mer était merveilleux, rocailleux, romantique. Nous avions même emporté notre barque avec nous. Nous jouions avec les enfants des pêcheurs et je parlais breton. Depuis, j'ai oublié le breton et le français. »

Markus Wolf, l'ancien chef des services secrets est-allemands parle après la chute du mur de Berlin au journaliste français Maurice Najman. Il raconte sa vie en exil après l'arrivée d'Hitler au pouvoir en 1933 et son séjour en Bretagne. Ces entretiens sont publiés sous le titre *L'Œil de Berlin* en 1992 (Balland).

« Les vivants de Bretagne savent reconnaître le souffle des morts et il leur arrive de soulever leur chapeau devant une brise de mai. »

Álvaro Cunqueiro, écrivain galicien, parle dans les *Chroniques du sous-chantre* (Actes Sud, 1993) de la mort et des revenants en Bretagne établissant l'analogie avec les traditions en Galice.

« Des femmes en noir, malgré tout, m'ouvrirent leur porte. Sur la grève, où elles m'emmenaient conjurer le sort, un jour où la tempête s'était calmée, je griffonnais quelques caractères en manière de courts poèmes :
Les pieds nus dans le goémon
Se déchirent sur les aiguilles
de granit
La douleur d'un soleil rouge
Plonge dans les vagues d'un passé
Qui va mourir. »

La poétesse japonaise Matsumoto Keiko dans *Lettres du Ponant,* éditions Terre de Brume, 1999.

麦熟れてパルドンの
列うなばらへ.

(Mugi urete parudon no
Retsu unabara e).

Blés mûrs
La procession du pardon s'en va vers l'océan

Dare an ed
Eur brosesion
O vond d'ar mor

Un autre haïku du poète japonais Natsuishi Ban'ya publié dans l'ensemble *Pèlerinage en Bretagne,* et traduit par le poète Alain Kervern et Rozenn Milin.

« On ne se sent vraiment proche de la Bretagne que quand on est parti et qu'on aspire à y être à nouveau. Le spectacle de la mer, on ne s'en lasse jamais. Le dialogue avec la nature est impossible, on ne peut que l'implorer ou la détruire. »

Jochen Schmidt *Bretagne, mode d'emploi (récits d'un voyageur allemand),* éditions le Télégramme, Brest, 2008.

« Pour moi, depuis que je suis née, le Tibet c'est la Chine, c'est tout. C'est comme si en France la Bretagne demandait son indépendance. Je ne suis pas trop politique, je suis positive (...). Il y a des problèmes parce que le Tibet veut être indépendant. Du coup, les gens brûlent les maisons et les voitures. La police chinoise essaie de calmer les choses. »

La Chinoise Pi Hongyan (29 ans) dans une interview du *Monde,* le 22 mars 2008. Elle a fait défection parce qu'on ne l'avait pas sélectionnée dans l'équipe chinoise de badminton pour les jeux Olympiques et peu de temps après elle est naturalisée française, mais elle est éliminée, en huitièmes de finale, aux JO de 2012.

« C'est pendant ses voyages en Chine et en regrettant la perte du passé chinois que Victor Segalen réfléchit de nouveau sur son identité bretonne. Il décide de publier sa première œuvre en Chine, Stèles, *le fruit de ses expériences personnelles avec la culture chinoise, avec son nom de famille en supprimant l'accent aigu sur le premier* « e » *pour mieux respecter la tradition bretonne. »*

La chercheuse universitaire chinoise Su Xiaobei, dans *L'Invention de la Chine par Victor Segalen* (thèse de doctorat de l'Université de Bretagne occidentale, 1er juin 2010), souligne un fait fréquent : bien souvent c'est à l'étranger qu'un Breton qui l'ignorait jusque-là découvre sa « bretonitude » et retrouve ses racines.

« Dans un petit village des environs, une noce bretonne est célébrée. La pierre y joue son rôle, comme il se doit. Les jeunes mariés passent sous un dolmen pour se porter chance. Et pour avoir beaucoup d'enfants, la jeune mariée fait également appel à la magie d'un menhir et touche la roche avec son ventre. Cela marche-t-il vraiment ? »

Le journaliste allemand Stephan Brünjes publie dans *Die Welt, « Le Pays des grosses pierres ».* (traduit par *Courrier International,* 15 juillet 2010).

« J'adore la Bretagne si bien décrite par Victor Hugo ! »

Propos du journaliste vietnamien Ly Van Sau, à l'un des auteurs, à Hanoi, le 28 décembre 2011. Cet ancien résistant contre la présence française, et pourtant francophile, a été dans les années 1968-1975, porte-parole de la délégation du Gouvernement révolutionnaire provisoire (GRP) lors des négociations de paix de Paris avec les Américains. Il en profitait pour se rendre à Saint-Malo. Où l'on voit que Victor Hugo, parfois décrié en Bretagne, a plus souvent qu'à son tour contribué à la faire aimer.

« Dire que la Bretagne est sauvage n'est pas dire qu'elle en est encore au chaos originel mais seulement qu'elle n'a pas été masquée par la fausse prospérité de la société moderne.
Dire que la Bretagne est mystérieuse n'est pas dire que la Bretagne est sans clarté ni raison mais seulement qu'elle ne peut s'expliquer uniquement par des préjugés déjà devenus conclusions.
Dire que la Bretagne est particulière n'est pas dire qu'elle ne peut s'accorder avec le monde mais seulement qu'elle ne s'est pas laissée abuser par l'uniformisation du globe. »

Le peintre chinois He Yifu était né en 1952 – l'année du dragon – à Kunming dans le Yunnan, province frontalière du Viêt-Nam. Arrivé en France en 1992, il enseigne à Rennes et publie en 2002, aux éditions Ouest-France, un recueil de paysages et de calligraphie : *Le Voyage d'un peintre chinois en Bretagne.* Il est décédé à Rennes en 2008.

POUR SAUVER L'AME RÉGIONALE

Le chapeau breton doit être exonéré de la taxe de luxe de 12 %

Cinq députés de Bretagne, MM. Sévène, Robic, Violle, Cadic et Le Moyne viennent d'adresser au ministre des finances une lettre pour le solliciter d'exonérer le chapeau breton de la taxe de luxe de 12 % dont la disgrâce a été épargnée jusqu'ici aux écharpes, châles et tabliers qui rehaussent le pittoresque d'un des plus durables de nos costumes régionaux.

Certes, les grands chapeaux de feutre épais, à bords et rubans de velours sont très chers aujourd'hui. La fidélité que leur voue tout un peuple n'en est que plus méritoire.

Il faudrait pratiquer une esthétique de roi nègre pour concevoir le costume breton sans le couvre-chef traditionnel des hommes et sans les coiffes candides des femmes. Il semble qu'il y aurait moins de piété aux pardons, moins de ferveur aux fêtes émues où l'on bénit les filets des pères, des frères, des maris et des fiancés qui vont en mer.

Les traditions, quelles qu'elles soient, sont les liens les plus puissants qui nous rattachent à la terre. Il ne faut point les briser, à l'heure où les grands centres aspirent les forces vives des provinces et provoquent l'abandon du sol natal.

C'est une toute petite chose en soi que l'affaire du chapeau breton. Mais, si elle n'était pas traitée avec la plus parfaite délicatesse, elle nous ferait presque douter de l'unité de la politique française. Car, ce qui consacre, à l'étranger, la supériorité de celle-ci sur tant d'autres, c'est le respect fondamental des traditions et des mœurs.

Et ce n'est point seulement parce que toute une littérature et tout un art s'inspirent du costume régional, que nous plaidons pour lui, mais parce que sous le feutre à larges bords et le gilet brodé chers à la Bretagne, mère de héros, s'éternisent des vertus de race à la conservation desquelles nous devons veiller avec un soin jaloux.

LE MATIN DU 17 JANVIER 1927.

Bibliographie

Beaulieu, François de, *La Bretagne,* coll. Idées Reçues, Le Cavalier Bleu éditions, 2007.
Bellec, Hervé, *Brèves de Bretagne, (préface de Nono),* Edicité, 2009.
Commission histoire de Skol Vreizh, *Histoire de la Bretagne et des pays celtiques (du* XVIe *à la fin du* XVIIIe *siècle),* Skol Vreizh, 1978, Plourin-les-Morlaix.
Commission histoire de Skol Vreizh, *La Bretagne* au XIXe *siècle (Histoire de la Bretagne et des pays celtiques),* Skol Vreizh, 1989, Plourin-les-Morlaix.
Croix, Alain, *La Bretagne, entre histoire et identité,* Découverte/Gallimard, 2008.
Dantec, Ronan, Éveillard, James, *les Bretons dans la presse populaire illustrée,* Éditions Ouest-France, 2001
Déguignet, Jean-Marie, *Mémoires d'un Paysan Bas Breton,* An Here, 1998.
Denieul, Patrick, *Ciel, mon mari est muté en Bretagne!* (Dessins de Yann Wehrling), Éditions Du Télégramme/ Nuée bleue, 2003.
Faligot, Roger *La Harpe & l'hermine,* Terre de Brume, (1994)
Faligot, Roger, *Les Sept portes du monde,* Plon, 2010.
Fanon, Frantz, *Œuvres,* La Découverte, Paris, 2011.
Favereau, Francis, *Babel & baragouin (le breton dans la mondialisation),* Skol Vreiz, Morlaix, 2006.
Gibson, Jacqueline, *Postcolonial Brittany: Literature between Two Languages,* Heather Williams, 2007.
Gwegen, Jorj, *La langue bretonne face à ses oppresseurs,* Ed. Nature et Bretagne, Quimper, 1975.
Lainé, Noël, *Le droit à la parole,* Terre de Brume, 1992.
Lebesque, Morvan, *Comment peut-on être Breton?,* 1970, Paris, Le Seuil.
Le Bihan, Renaud & Joan, *Bienvenue chez les Bretons,* Desinge & Hugo & Cie, 2010.
Le Coadic, Ronan, *L'identité bretonne,* Terre de Brume, Rennes, 1998.
Le Liboux, Yann-Lukas. *La Bretagne,* Guide Flammarion, Paris, 1979.
Lossec, Hervé, *Les bretonnismes,* Skol Vreizh, Morlaix, 2010.
Lucas, Clarisse, *Le lobby breton,* Nouveau Monde Éditions, Paris, 2011.
Lukas, Yann, *Miscellanées bretonnes,* Éd. Palantines, Quimper, 2009.
Marlu, Philippe, *Les Vieilles charognes,* Coop Breizh, 2011.
Monnier, Jean-Jacques, *Résistance et conscience bretonne,* 1940-1945, *l'hermine contre la croix gammée,* Ed. Yoran Embanner, 2007.
Monnier, Jean-Jacques, caillebot, Olivier, *Histoire de Bretagne pour tous,*
Audiolivre, Skol Vreizh, Morlaix, 2012.
Morvannou, Fañch, *Le breton, la jeunesse d'une vieille langue,* Presses populaires de Bretagne, Brest, 1980.
Ozouf, Mona, *Composition française: retour sur une enfance française,* Paris Gallimard, 2009.
Paumier, Jean-Yves, *La Bretagne pour les Nuls,* 2011.
Renouard, Michel, méar, Joëlle, merrien, Nathalie, *Dictionnaire de Bretagne,* Éditions Ouest-France, Rennes, 1992.
Rohou, Jean. *Fils de ploucs,* Éditions Ouest-France, 2005.
Ruaux, Jean-Yves (sous la direction de), *La Bretagne érotique, (Eros, la Bretagne et les Bretons),* Ed. du Temps, Nantes, 2009.
Trinka, *L'étonnante histoire de Rennes,* La ligne pourpre, 2011.
- *L'étonnante histoire du Finistère,* La ligne pourpre, 2010.
Vallerie, Erwan et Nono, *Ils sont fous ces Bretons,* Coop Breizh, 2003.
Violain, Didier, *Bretons de Paris (des exilés en capitale),* Parigramme, Paris, 2003.

Index :

H

I

J

K

L

Q

R

S

T

U

V

Crédit iconographique :

Breizh etrevroadel, p. 140. Bretagne révolutionnaire, p. 65. Caouissin, Herri, p. 92. Collection particulière, p. 49, 69, 73, 85, 106, 134, 135, 142. Alfred-Henri Darjou, p. 12, 22, 30, 44, 54, 70, 76, 77, 81, 90, 110, 120, 126, 131. D.R., p. 33, 50, 63, 67, 79, 87, 94, 98. Laurent Le Guilloux/Paotr saout 2009, p. 66. Le Petit journal illustré, p. 27. Jeanne Malivel, p. 105. Mille routes, 4e de couverture et p. 29. Moasan, p. 114. Nono, p. 21, 26, 38, 53, 57, 82, 107, 117, 97, 123, 132, 138, 147.

Dépôt légal
2e trimestre 2012.

ISBN : 978-2-84346-567-3
Suivi éditorial: Erwan Chartier
Correction: Béatrice-Willie Paran
Mise en page Laurent Le Guilloux

Kerangwenn 29540 Spézet/*Speied*

Photogravure Quatcoul, Quimper
Impression Printcorp, Saint-Brieuc (22)

www.coop-breizh.fr

Notes pour les lecteurs et lectrices avec de nouvelles citations.

Envoyez-nous vos trouvailles pour de nouvelles éditions sur le site:

www.roger-faligot.com